3 – 6 Jahre

W0406435

schubi

Bewegung, Rhythmik und Tanz

Kreative Bausteine für die Kita-Praxis

Fachbuch

Hrsg.: Ilse Wehrmann

Agnes Modrow-Artus

Bildung von Anfang an

Haben Sie Anregungen oder Kritikpunkte zu diesem Produkt?
Dann senden Sie eine E-Mail an service@schubi.com
Autorin und Verlag freuen sich auf Ihre Rückmeldung.

Die Autorin

Agnes Modrow-Artus beendete 1975 ihr Studium der Rhythmisch-musikalischen Erziehung an der Musikhochschule in Hannover als Diplom-Rhythmiklehrerin. Bis 1981 arbeitete sie im Förderbereich Musik und Bewegung an öffentlichen Schulen. Ab 1983 war sie freiberuflich tätig. Neben einer umfangreichen Lehrtätigkeit in der Fort- und Weiterbildung für Lehrer, Erzieher und Sozialpädagogen, übernahm sie immer wieder Lehraufträge an der Universität Bremen und seit 1999 regelmäßig auch an der Hochschule für Künste in Bremen. Seit 1987 arbeitete sie zusätzlich als Dozentin im Bildungswerk Rhythmik e.V., deren 1. Vorsitzende sie von 1992 bis 2004 war. Agnes Modrow-Artus ist im Dezember 2007 gestorben.

Bildquellenverzeichnis

Bildungsverlag EINS, Troisdorf: Umschlagfoto; © Fotolia.com: S. 9 (Simone van den Berg), 10 (stoneman), 18 (Ramona Heim), 27 (Pavel Losevsky), 57 (Mark Aplet), 58 (Alexander Maier), 75, 77 (bilderbox), 76 (Susanne Güttler), 79 (oben) (Stefan Thiermayer), 83 (SyB), 91 (unten) (Lianem), 92 (Olga Lyubkina), 94 (Stefan Katzlinger), 95 (oben) (FocalPoint), 95 (unten) (Anna Marinova), 97 (Gerhard Führing), 105 (unten) (Kzenon), 106 (unten) (Paul Murphy), 109 (greenmedia), 110 (Henryk Olszewski), 123 (Galyna Andrushko), 125 (João Freitas), 126 (Martina Berg), 127 (Thomas Aumann), 128, 149 (Mat Hayward), 136 (ralf wawro), 145 (oben) (franck steinberg), 146 (_PeTe_); mauritius images/Angela Reik: S. 13 (unten); mauritius images/Martin Ley: S. 13 (oben); MEV Verlag GmbH, Augsburg/Gerhard Dagner: S. 112; Ryzek, Marianne/Bremen: S. 12, 14, 15, 16, 23, 28, 29, 34, 36, 38, 39, 42, 43, 44, 45, 47, 48, 49, 51, 54, 55, 62, 64, 65, 66, 67, 68, 69, 73 (unten), 98, 99, 100, 101, 102, 103, 118, 119, 121, 135, 138, 139, 141 (oben)

Illustrationen

Bildungsverlag EINS, Troisdorf/Martina Knapp, Wuppertal: S. 33, 40, 50, 56, 59, 60, 63, 70, 73 (oben), 78, 79 (unten), 80, 84, 85, 87, 88, 89, 91 (oben), 93, 96, 105 (oben), 106 (oben), 107, 111, 113, 114, 122, 129, 131, 133, 137, 141 (unten), 142, 144, 145 (unten); Petra Hille-Dallmeyer, Bremen: S. 111, 153, 154, 155, 156, 157, 158, 159, 160, 161

Sie finden uns im Internet unter:
www.schubi.com
www.bildung-von-anfang-an.de

2. Auflage 2012

ISBN 978-3-86723-484-9

No BV 500 95

Inhalt

Vorwort der Herausgeberin

Kinder sind wahre Bewegungskünstler. Schon Kleinkinder setzen ihren ganzen Körper ein, um neue Erfahrungen zu machen und diese zu wiederholen. Sie sind in der Lage, ihre Umgebung schnell sinnlich zu erfassen und auf das, was sie sehen und hören, schnell zu reagieren. Je mobiler sie werden, umso emsiger erweitern sie ihre Ausdrucksmöglichkeiten durch Bewegungen und Geräusche. Tanzen und Singen beispielsweise sind für Kinder eine wichtige Form der Kommunikation, andere Menschen an ihrem Tun und Denken teilhaben zu lassen, besonders im Frühstadium der sprachlichen Vermittlung. Es ist immer wieder erstaunlich zu beobachten, auf welche Weise Kinder durch Aktivitäten, die ihre Kreativität herausfordern, neue Möglichkeiten finden, sich auszudrücken und mitzuteilen. Kinder lieben alles, was mit Singen, Klängen, Tanzen, rhythmischem Klatschen oder Bewegung zu tun hat. So lernen sie spielerisch körperliches Geschick, trainieren ihre sinnliche Wahrnehmung und entdecken ihre musischen Fähigkeiten.

Die Hirnforschung lehrt uns aber auch, dass Bewegung und Tanz das Gehirn zu maximaler Leistung beschleunigen. Je bekannter ein Rhythmus den Kindern ist, umso stärker klatschen sie mit, schnipsen mit den Fingern oder wippen mit dem Kopf oder dem Fuß. Mittlerweise weiß man, dass der Mensch zum Tanzen ähnlich komplexe sensomotorische Fähigkeiten benötigt wie zum Erlernen eines Musikinstruments. Das Tanzen verändert auch das Gehirn, indem es beispielsweise Gehirnregionen aktiviert, die zu geometrischem Denken befähigen. So haben Forscher Erstaunliches herausgefunden: Tanzbegeisterte Kinder schneiden in der Schule in Geometrietests nicht nur besser ab als „Tanzmuffel“, sondern ihre Emotionalität und Selbstmotivation sowie ihre soziale Fähigkeiten sind auch stärker ausgeprägt.

Das vorliegende Buch stellt Bewegung, Rhythmik und Tanz in den Mittelpunkt der frühkindlichen Erziehung und Bildung. Es bietet Erzieherinnen und Erziehern neben fundiertem Fachwissen eine Vielzahl an Anregungen und praktischen Tipps für den Kindergartenalltag. Das erste Kapitel bietet den Leserinnen und Lesern umfassende theoretische Hintergrundinformationen zur Erziehung und Bildung im Elementarbereich durch Bewegung, Rhythmik und Tanz. Es geht einführend auf die Bedeutung des Bewegungslernens in den ersten Lebensjahren ein und beschreibt den Zusammenhang zwischen Bewegung und psychischen Prozessen sowie der Entfaltung der Persönlichkeit. Anschließend setzt es sich detailliert mit der inhaltlichen Gestaltung, den Zielen der Bewegung, Rhythmik und Tanz sowie den methodischen Vorgehensweisen im Kitaalltag auseinander.

Das zweite Kapitel widmet sich der Praxis und stellt den Leserinnen und Lesern die Umsetzung von Bewegungsangeboten im Verlauf eines Kindergartenjahres vor, beginnend mit Angeboten für die Anfangsphase nach Eintritt der Kinder in den Kindergarten. Für die Anfangsphase beschreibt es Bewegungsangebote zur Einstimmung, mit Bällen, mit Kuscheltieren, mit Kissen und zum Ausklang. Jedes dieser Angebote gliedert sich in unterschiedliche Themenfelder, die einen oder mehrere Bausteine mit praktischen Anleitungen beinhalten. Jeder Baustein informiert zunächst darüber, ob bzw. welche Medien für die Umsetzung dieses Angebotes benötigt werden. Anschließend werden Sprecheinheiten für die Erzieherinnen und Erzieher sowie die dazugehörigen Bewegungsvorschläge, Liedtexte, Reime, Noten usw.

vorgestellt. Ihnen folgt eine detaillierte „Regieanweisung“ für die Umsetzung, flankiert von zahlreichen Hinweisen und Tipps, Beispielen und Angaben über Variationsmöglichkeiten für eine möglichst wirkungsvolle und erfolgreiche Ausgestaltung der Bausteine mit Kindern. Analog bietet dieses Kapitel den Leserinnen und Lesern eine Fülle an Bewegungsangeboten für die weiteren Phasen im Jahreszyklus: Herbst, Adventszeit, Winter, Frühling und Sommer. Für Interessierte gibt es am Ende des Buches eine Auswahl an Literatur zu diesem Thema.

Frühpädagoginnen und -pädagogen finden in diesem Werk neben fundiertem theoretischem Basiswissen ein umfassendes Instrumentarium für die praktische Ausgestaltung von Bewegung, Rhythmik und Tanz im Elementarbereich. Ich danke allen, die zum Gelingen dieser Publikation beigetragen haben, und wünsche allen Leserinnen und Lesern viel Erfolg und Freude bei ihrer Arbeit mit den kleinen Bewegungskünstlern.

Frau Modrow-Artus war eine pädagogische Persönlichkeit, für die immer das Kind im Mittelpunkt stand. Ihr Herzensanliegen war die Verbindung von Theorie und Praxis. Mit viel Liebe zu den Kindern konnte sie Erzieher/-innen in ihren Seminaren und Workshops begeistern. Ich finde, das merkt man diesem Buch an. Frau Modrow-Artus hat in der Fachwelt eine große Lücke hinterlassen. Ich selber durfte sie bei der Konzeptionierung und praktischen Durchführung des Weiterbildenden Studiums für Frühpädagogen und Lehrer an der Universität Bremen erleben. Sie wird mir mit ihrer vorbildlichen, bescheidenen Persönlichkeit immer in Erinnerung bleiben, der fachliche Austausch mit ihr fehlt mir sehr. Ich danke ihrem Ehemann für die Vollendung dieses Buches. Es ist ihm gut gelungen, ihr Anliegen fortzuführen.

Dr. Ilse Wehrmann
Sachverständige für Frühpädagogik

Vorwort

Das Schreiben des Vorwortes zu **„Bewegung, Rhythmik und Tanz. Kreative Bausteine für die Kita-Praxis“** ruft in mir Erinnerungen an den besonderen Umgang mit Sprache bei Agnes Modrow-Artus wach. Meine Frau hatte die Fähigkeit, in einem von Fantasie getragenen Prozess auch fachliche Bezüge in praxisbezogenen und für die beteiligten Personen erlebnisnahen Bildern stimmig zu beschreiben. Leider war das Vorwort noch nicht formuliert, als eine Krankheit sie Mitte des Jahres 2007 zwang, die Arbeit an diesem Buch einzustellen. Agnes Modrow-Artus ist am 28.12.2007 gestorben.

Sie hinterließ den weitgehend ausformulierten auf die Praxis bezogenen Hauptteil des Buches: **„Bewegung, Rhythmik und Tanz im Verlauf des Kindergartenjahres“**. Das einleitende Kapitel **„Erziehung und Bildung durch Bewegung, Rhythmik und Tanz im Elementarbereich“** war durch inhaltliche Skizzen und eine ausgearbeitete Gliederung vorgezeichnet. Da ich beruflich ebenfalls mit Bewegung befasst bin, hatten wir einige intensive Diskussionen über die inhaltliche Gestaltung des Kapitels. So gab es eine fundierte Basis, um die Sichtweise von Agnes Modrow-Artus über ihre Zielsetzungen von Rhythmikunterricht zu entfalten und theoretisch zu begründen. Wenn es auch nicht mehr ihre Worte sein konnten – ich formuliere eher sachbezogen-abstrakt – so ist dieses Kapitel doch in ihrem Geist geschrieben.

Inhaltlich war es für Agnes Modrow-Artus von Anfang an eine Gewissheit, dass Lernen von Bewegung und Musik immer auch auf die Entwicklung der Persönlichkeit Einfluss nimmt. Mit fantasievollen Aufgaben förderte sie bei den Teilnehmer/-innen sowohl eine sensibel von Einfühlungsvermögen getragene persönliche Entwicklung als auch gleichzeitig eine qualitative Erweiterung der Sachinhalte. Es entsprach ihrer Natur, im Unterricht eine für das Selbstbewusstsein der Teilnehmer/-innen anregende Atmosphäre zu schaffen.

Bis zuletzt hatte sie sich damit auseinandergesetzt, dieses Unterrichtskonzept – das reinen Fachunterricht wesentlich erweitert und bei dem die Kinder im Mittelpunkt stehen – in Schriftform lebendig werden zu lassen. Sie entwickelte die Idee, die Unterrichtssituationen für die einzelnen Bausteine aus der Sicht einer engagierten Erzieherin bzw. eines engagierten Erziehers zu beschreiben. Es gibt immer wieder Aufforderungen, situationsabhängig, aus der eigenen Beobachtung des ablaufenden Unterrichts heraus eigenständig zu reagieren und gegebenenfalls auch vom vorliegenden Konzept abzuweichen. Zusätzlich finden sich aber auch Anstöße für die Erzieher/-innen, die nicht direkt beschrieben sind, sondern eher „zwischen den Zeilen“ zum Ausdruck kommen. Das vorliegende Buch fordert immer wieder dazu heraus, in der Auseinandersetzung mit Bewegung, Rhythmik und Tanz der kindlichen Entwicklung die gebührende Beachtung zu schenken.

Diese Publikation konnte in der vorgelegten Form nur erscheinen, weil sie von vielen Seiten Unterstützung erfahren hat:
Da war zunächst die grundlegende Entscheidung des Bildungsverlages EINS, das Buchprojekt auch unter den schwierigen Gegebenheiten zu Ende zu führen.

Um in dem Buch das inhaltliche Konzept auch sichtbar werden zu lassen, war es notwendig, dass die Fotos die intensive Anteilnahme der Kinder widerspiegeln. Marianne Ryzek hat diese Aufgabe in besonderer Weise gelöst.
Lassen sich Bausteine und Themenfelder in der erdachten Form auch praktisch umsetzen? Die von Erika Brahms geleitete Kindertagesstätte hat hier jede Unterstützung gewährt.
Ingrid Oberborbeck war eine unentbehrliche Beraterin, um Sprechverse in Noten auszudrücken.
Ingrid Oberborbeck und Brigitte Schmitter-Wallenhorst haben nach Durchsicht des Manuskriptes wertvolle Veränderungen am Text angeregt.
Björn Jentsch und Michael Krummheuer haben ihre Kompositionen freigegeben, sodass sie aus dem Internet heruntergeladen werden können.
Die Tierkarten stammen von Petra Hille-Dallmeyer.

Allen Genannten möchte ich ganz herzlich danken, haben sie doch auf ihre Weise dazu beigetragen, dass eine von Agnes Modrow-Artus mit tiefer innerer Anteilnahme aufgegriffene Arbeit, die sie selber nicht zu Ende führen konnte, nun abgeschlossen vorliegt.

Bremen im Januar 2009

gez. Prof. Dr. Hans-Gerd Artus

1 Erziehung und Bildung durch Bewegung, Rhythmik und Tanz im Elementarbereich

1 Erziehung und Bildung durch Bewegung, Rhythmik und Tanz im Elementarbereich

Bei der Diskussion um Erziehung und Bildung in unserer Gesellschaft wird die Bedeutung der Bewegung traditionell eher nachgeordnet eingestuft. Auf Kognition ausgerichtete Fächer wie Mathematik, Deutsch und die Fremdsprachen genießen nach wie vor ein wesentlich höheres Ansehen. Viele Eltern reagieren besorgt, denn sie befürchten Nachteile für die Entwicklung ihrer Kinder, wenn diesen Inhalten bereits im Kindergarten zu wenig Beachtung geschenkt wird. Dagegen verhalten sich die meisten völlig gelassen, wenn der Bewegungsunterricht ihrer Kinder vernachlässigt wird.

In letzter Zeit wurde eine Reihe wissenschaftlicher Ergebnisse vorgelegt, die die Bedeutung der Bewegungsförderung im Kindes- und Jugendalter vor allem auch für die geistige und psychische Entwicklung nachgewiesen hat (vgl. z. B. Müller und Petzold, 2006). Angeregt durch die PISA-Debatte sind gleichzeitig Vorschläge im Gespräch, die das kognitive Lernen von Kindern früher beginnen lassen und ihm mehr Gewicht verleihen möchten.

Nun wird hier ein Buch vorgestellt, dass Bewegung in den Mittelpunkt der praktischen Erziehung und Bildung von Kindern stellt, denn auch Rhythmik und Tanz basieren zentral auf Bewegung. Um vor dem Hintergrund der angesprochenen konträren Auffassungen einen persönlichen Standpunkt zu gewinnen, bietet es sich an, zunächst die mögliche Wirkung von Bewegung auf die kindliche Entwicklung systematisch strukturiert vorzustellen.

1.1 Bewegung: ein Mittelpunkt kindlichen Lebens

1.1.1 Zur Bedeutung des Bewegungslernens

„Sobald es [das Kind] beginnt, sich selbstständig und zielstrebig zu bewegen, erwirbt das Kleinkind ein wenig Unabhängigkeit, die eine Zeit lang genau in dem Maß zunimmt, in dem das Kind fähig wird, sich immer freier zu bewegen und seine Körperorgane zum Erforschen der Welt zu gebrauchen." (Bettelheim, 2007, S. 217)

Ein neugeborenes Kind kann von Anfang an saugen. Weiterhin gelingen ihm auf Anhieb noch einige reflexartige Bewegungen. Aber z. B. bewusstes Greifen, eigenständiges Krabbeln, Sitzen, Stehen oder Gehen sind grundlegende menschliche Bewegungen, die von Neugeborenen im allgemeinen spielerisch im Laufe des ersten Lebensjahres gelernt werden. Selbstverständlich ist damit die Bewegungsentwicklung der Kinder noch nicht abgeschlossen. Auch wenn in den folgenden Jahren z. B. die Sprachentfaltung und die Ausdifferenzierung des Denkens so wie der sozialen Kompetenz mehr in den Vordergrund rücken, spielt die **beständige Erweiterung des Bewegungsrepertoires** – sogar bis weit über den Elementarbereich hinaus – eine bedeutende Rolle. Die Auseinandersetzung mit Hüpfen, Drehen, Springen, Treppensteigen, Klettern, Balancieren, vielfältige Umgangsweisen mit Bällen, Fahrradfahren und Schwimmen sind nur einige Beispiele für wichtige **motorische Grundfertigkeiten**, die Kinder mit den Jahren in sich langsam steigernden Schwierigkeitsgraden spielerisch lernen. Bei weitgehend normaler Entwicklung erleben Kinder die allmählich anwachsende Komplexität ihrer Bewegungen im Allgemeinen als Herausforderung, der sie sich begeistert stellen. Durch diese vielfältige Beschäftigung mit immer vielschichtiger werdenden Bewegungen bildet das Kind die Kompetenzen aus, die zur **eigenständigen Lebensbewältigung** erforderlich sind.

1.1.2 Bewegungslernen

Bewegungslernen kreist in den ersten Lebensjahren vor allem um die stimmige Ausformung von Alltagsbewegungen. In dieser Altersstufe geht es noch nicht um ein systematisches Bewegungstraining, wie es z. B. im Leistungssport üblich ist. Es kommt vielmehr darauf an, grundlegende Bewegungsmöglichkeiten koordinativ ausgewogen und mit spielerischer Leichtigkeit zu bewältigen.

„Man ist sich allgemein darüber einig, dass das Kind die Welt nur aktiv bemeistern, erkennen und verstehen lernt, indem es die Fähigkeit entwickelt, sich intentional und zielstrebig zu bewegen.“ (Bettelheim, 2007, S. 217)

Um Kinder beim Verfolgen dieser Ziele zu unterstützen, ist es erforderlich, die Qualität ihrer Bewegungen einzuschätzen und sie eventuell anregend zu fördern. Bewegungen lassen sich in folgende Komponenten unterteilen:

- **Energie (Gegensatz: kraftvoll – zart)**,
- **Zeit (Gegensatz: schnell – langsam)** und
- **Raum (Gegensatz: weit – eng)**.

Die Bewegungskomponenten können herangezogen werden, um kindliche Bewegungen zu verbessern:

- „Schlagt mit **ganz viel Kraft** auf eure Trommeln.“
- „Könnt ihr die Bewegung auch **langsamer** durchführen?“
- „Streckt die Arme **so hoch wie möglich** nach oben.“

Verbale Hilfen von außen können das Lernen von Bewegungen bei Kindern zwar unterstützen, aber hauptsächlich lernen Kinder Bewegungen durch **zwangloses Ausprobieren**. Sie setzen sich damit experimentierend so lange auseinander, bis sie gelingen. Dabei verfestigen sich Strategien, die sich für die erfolgreiche Durchführung der Bewegung als förderlich erweisen. Kinder besitzen die Fähigkeit, über diese nützlichen Praktiken unmittelbar wieder verfügen zu können, wenn sie benötigt werden. Dieses wunderbare Vermögen der Kinder, sich Bewegungen durch **spielerisches Experimentieren** weitgehend eigenständig anzueignen, gilt es zu erhalten und umfassend und nachhaltig zu fördern.

„Echtes Spiel basiert auf der Freude an ungestörter physischer Koordination und ein Großteil des Spielens hat keinen anderen Sinn als den Genuss, den das Kind empfindet, wenn es sich eine neu erworbene Beherrschung seiner eigenen Bewegungen wiederholend bestätigt; (...)“ (Bettelheim, 2007, S. 202)

Die beständig wachsende Motorisierung und die immer umfangreichere Nutzung der neuen Medien wirken sich in unserer Gesellschaft einschränkend auf die Bewegungsmöglichkeiten vieler Kinder vor allem in den Städten aus. Bezogen auf diese Lebensbedingungen kommt der Anregung des kindlichen Bewegungslernens in dem gerade beschriebenen Sinn durch die bestehenden Erziehungs- und Bildungsinstitutionen eine wachsende Bedeutung zu. Wenn inzwischen sogar viele ältere Kinder – wie von Experten beobachtet – z. B. nur noch eingeschränkt rückwärtslaufen können, zeigt sich die Gefahr, dass grundlegende Bewegungskompetenzen ungenügend entwickelt werden. Da die Vielfalt der Bewegungsmöglichkeiten eine wichtige **Basis für die Lebensqualität** darstellt, können sich aus der beschriebenen Reduktion einschneidende Begrenzungen bereits vom Kindesalter an ergeben.

1.2 Bewegung und psychische Prozesse

Die bisherige Betrachtung von Bewegung beschränkt sich auf den von außen beobachtbaren Bewegungsverlauf. Diese Sichtweise liefert einen guten Überblick über das kindliche Bewegungsverhalten. Es gibt allerdings andere wichtige Aspekte des Sichbewegens, die durch äußere Beachtung völlig unzureichend ins Blickfeld geraten.

1.2.1 Bewegung aus sich selbst heraus

Ein Mensch muss nicht warten, bis äußere Kräfte auf ihn einwirken und eine Bewegung auslösen. Er hat die Fähigkeit, sich durch den Einsatz von Muskelkraft selbst in Bewegung zu setzen. Diese Möglichkeit zur Selbstbewegung setzt beim Menschen, wenn auch zunächst auf einem sehr elementaren Niveau, bereits vor der Geburt ein. Welche Auswirkungen ergeben sich aus diesem Vermögen, Bewegung eigenständig gestalten zu können?

Ein Kind, das sich selbstständig, aber weitgehend unachtsam bewegt, lebt unter Umständen gefährlich, weil es über Hindernisse stolpert oder sich an Begrenzungen stößt. Dieses sorglose Sichbewegen kann im Extremfall sogar lebensbedrohlich sein. Um Bewegungen sicher ausführen zu können, werden zunächst einmal verlässliche Orientierungen benötigt, die eine erfolgreiche Steuerung der Bewegungen ermöglichen und gleichzeitig früh genug vor potenziellen Bedrohungen warnen.

1.2.2 Wahrnehmungsdifferenzierung

Ein Ball ist nur sicher zu fangen, wenn das Kind die Flugbahn des Balles mit dem Greifen seiner Hände koordiniert. Erfolgreiche Bewegungen – so lässt sich verallgemeinern – benötigen als Basis Informationen über

- die Umwelt (im Beispiel: der fliegende Ball) als auch
- den eigenen Körper (im Beispiel: Stellung der Hände).

Der Mensch ist durch seine **Wahrnehmungsorgane** recht gut für die Aufnahme derartiger Botschaften ausgerüstet.

Auskunft über die **Umwelt** geben beim Bewegen vor allem

- der Gesichtssinn (**visuelle Wahrnehmung**),
- das Gehör (**auditive Wahrnehmung**) und
- der Tastsinn (**haptische Wahrnehmung**).

Umweltwahrnehmung bezieht sich einerseits auf Informationen, die benötigt werden, um **direkt die Bewegung zu regulieren**. Andererseits unterrichtet Umweltwahrnehmung z.B. auch über die **sozialen Bezüge** der jeweiligen Bewegungssituation. Wer bewegt sich gemeinsam mit dem Kind und wie ist dessen oder deren Verhalten?

Die wesentlichen Informationen über die **Befindlichkeit des eigenen Körpers** beim Bewegen werden

- vom Lage- und Drehbewegungssinn (**Wahrnehmung des Gleichgewichts**) und
- vom Stellungs-, Spannungs- und Kraftsinn (**kinästhetische Wahrnehmung**)

geliefert. Diese Sinne bilden die Grundlage zur **Ausprägung des Körperbewusstseins**.

Wahrnehmungsprozesse beim Bewegen sind also mehrschichtig angelegt. Diese Komplexität ist notwendig, damit die Selbstbewegung die an sie gestellten Ansprüche einlösen kann.

Ein Kind, dem die Augen verbunden sind, erfährt unmittelbar, dass mangelnde visuelle Information über die Umgebung das Sichbewegen erschwert. Das Beispiel verdeutlicht, wie wichtig die **Ausdifferenzierung von Wahrnehmungsprozessen** für die Qualität von Bewegungen ist. Bewegungen können scheitern, weil – was bei Kindern durchaus häufiger der Fall ist – Wahrnehmungsprozesse noch ungenügend ausgebildet sind.

Es wird deutlich: Sichbewegen ist untrennbar mit angemessen strukturierten Wahrnehmungsprozessen vernetzt. Es besteht eine wechselseitige Abhängigkeit:

- **Vielseitiges Sichbewegen regt zur Differenzierung der Wahrnehmung an.**
- **Differenzierte Wahrnehmung wirkt sich auf die Qualität beim Bewegen aus.**

Bewegungslernen und Erweiterung der Wahrnehmung sind zwei Seiten der gleichen Medaille.

1.2.3 Denken strukturiert Bewegung

Die Wahrnehmung bildet zwar eine Art Fundament, um Bewegung selbstverantwortlich zu steuern. Um aber beispielsweise einen Ball sicher fangen zu können, reichen die Informationen aus den Wahrnehmungsprozessen alleine nicht aus. Die Koordination zwischen dem fliegenden Ball und der Greifbewegung der Hände gelingt erst, wenn aus den verfügbaren Informationen durch Prozesse wie **Erkennen**, **Vergleichen**, **Planen**, **Bewerten**, **Schlussfolgern**, **Entscheiden**, **Erinnern usw.** Erkenntnisse gewonnen werden, die das beschriebene Problem lösen. Um Bewegung selbstverantwortlich zu strukturieren, sind **Denkprozesse** offensichtlich unerlässlich.

Die Denkoperationen sind zeitgleich in den jeweils konkreten Bewegungsablauf integriert und laufen daher sehr schnell ab. D. h., die beim **praktischen Denken** gewonnenen Erkenntnisse treten normalerweise nicht präzise unterscheidbar ins Bewusstsein. Durch eine gezielte Lenkung der Aufmerksamkeit ist es allerdings möglich, Denkprozesse beim Bewegen willentlich zu beeinflussen: „Lauft so, dass es keine Zusammenstöße gibt." Die permanente gedankliche Verarbeitung der Aufgabe zeigt sich direkt beim Laufen, wenn die Kinder ihre Richtung verändern, ausweichen, kurz abstoppen oder beschleunigen.

Häufig werden gleichzeitig die übrigen Umweltwahrnehmungen, speziell die sozialen Bezüge und die Wahrnehmungen über die körperliche Befindlichkeit, kognitiv verarbeitet. Auch Denkprozesse laufen beim Bewegen mehrschichtig ab.

Ähnlich wie für die Wahrnehmung ergibt sich auch für das Denken: Sichbewegen bedeutet eine untrennbare Vernetzung mit angemessen strukturierten Denkprozessen. Zwischen Bewegen und Denken existiert eine wechselseitige Abhängigkeit:

- **Bewegungslernen kann die Ausdifferenzierung von Denkprozessen unterstützen.**
- **Gut strukturiertes praktisches Denken kann sich förderlich auf die Bewegungsqualität auswirken.**

Da sich bei Kindern das Denken bis weit ins Jugendalter hinein entwickelt, kann Bewegung also Denkprozesse entfalten helfen und dazu beitragen, sie flexibel zu koordinieren, um die Fantasie und die Kreativität beim kindlichen Bewegen anzuregen.

1.2.4 Gefühle (Emotionen) bewerten Bewegung

Selbstbewegung bietet Menschen die Freiheit, über ihre Bewegungen selbst zu bestimmen. Damit wird ihnen aber gleichzeitig die Verantwortung für ihr eigenes Wohlergehen übertragen. Es gilt, Bewegungen möglichst rechtzeitig zu verhindern, die physische aber auch psychische Bedrohungen in sich bergen. Um diese Aufgabe verlässlicher erfüllen zu können, haben sich zusätzlich zur Wahrnehmung und zum Denken die **Gefühle (Emotionen)** als weitere **eigenständige Gattung** von Prozessen herausgebildet.

Kinder sind schon von ihrer Geburt an in der Lage, ihre jeweiligen Lebenssituationen zwischen den Polen „angenehm“ und „unangenehm“ zu bewerten und mit entsprechenden Emotionen zu reagieren: Ein Kleinkind spürt erstmals, dass es ganz allein laufend einen Raum durchqueren und Hindernissen ausweichen kann. Diese Situation wird positiv bewertet und löst Begeisterung aus, die das Kind eventuell durch ausgelassene Freude während des Laufens zum Ausdruck bringt. Ein anderes Kleinkind benötigt dagegen zum Gehen noch Hilfe durch Handkontakt. Wird dem Kind die Hand entzogen, ergibt sich eine als unangenehm erlebte Situation, die Angst auslöst und eventuell zum Weinen führt. Emotionen bilden sich spontan in aktuell erlebten Situationen aufgrund von Bewertungen. Sie spiegeln auch bei Kindern die persönliche Befindlichkeit wider.

Die Emotionen, die bei der Bewegung von Kindern häufig zu beobachten sind, lassen sich mindestens zwei Untergruppen zuordnen:

- Emotionen, die direkt auf das **Individuum** bezogen sind, wie z. B. **Freude, Neugier, Angst, Ehrgeiz, Stolz, Enttäuschung, Langeweile, Zuversicht, Zufriedenheit usw.**, und
- Emotionen, die vor allem auf soziale Beziehungen verweisen, wie z. B. **Empathie, Aggression, Mitfreude, Mitleid, Neid, Achtung, Scham, Misstrauen, Schadenfreude usw.**

Die psychische Befindlichkeit, die sich durch Emotionen ausdrückt, bezieht sich damit sowohl auf die eigene Person als auch auf Beziehungen zu anderen Personen.

„Die wichtigste aller Künste, die Fähigkeit, gut mit sich selbst und mit anderen zu leben, lässt sich nur dadurch erwerben, dass man in einer emotional beständigen und befriedigenden menschlichen Umwelt lebt.“ (Bettelheim, 2007, S. 365)

Bemerkenswert ist, dass es eine Reihe von Emotionen gibt, die beim Bewegen Frustration auslösen: Angst, Enttäuschung, Langeweile, Aggression, Neid, Scham usw. Nun bewegt sich ein Kind aber nur gern, wenn Bewegung als Spaß erlebt wird. Erfahren Kinder Bewegung dagegen als frustrierend, so versuchen sie, diesen Situationen nach Möglichkeit auszuweichen. Ein positives Verhältnis zur Bewegung wird sich also nur dann ausbilden, wenn die auftretenden Emotionen mehrheitlich als positiv eingestuft werden.

Sichbewegen verknüpft sich auch bei Kindern immer mit irgendwelchen Emotionen. D. h., auch Bewegung und Emotionen sind untrennbar miteinander vernetzt. Es existiert wieder eine wechselseitige Beeinflussung:

- Beispielsweise wecken geglückte Bewegungen positiv erlebte Emotionen (Freude, Stolz, Zuversicht).
- Umgekehrt kann z. B. Angst Bewegung verunsichern und verengen oder auch ganz verhindern.

„Wir wollen (...) zeigen (...), welche spezifischen Möglichkeiten zur Förderung der Persönlichkeitsintegration in den sich wiederholenden Alltagsaufgaben zu finden sind und was für Chancen sie bieten, dem Kind bei der Lösung seiner emotionalen Probleme zu helfen.“ (Bettelheim, 2007, S. 71)

Die kindliche Entwicklung wird gefördert, wenn Kinder die Vielfalt ihrer Emotionen beim Bewegen erspüren und lernen, bewusst auf sie Einfluss zu nehmen.

1.2.5 Psychisches drückt sich in Bewegungen aus

Menschliche Bewegung ist Selbstbewegung und Selbstbewegung von Menschen ist aufs Engste mit **psychischen Prozessen** verbunden. Selbstverantwortliches Sichbewegen ist angewiesen auf

- Informationen zu den jeweils aktuellen Umweltgegebenheiten und der eigenen Körperlichkeit (**Wahrnehmungsprozesse**),
- die Entwicklung von Strategien zur erfolgreichen Durchführung von Bewegungen (**Denkprozesse**),
- die Absicherung einer möglichst zufriedenstellenden persönlichen Befindlichkeit (**Gefühlsprozesse/Emotionen**).

„(...) wir haben noch nie bedeutsame geistig-seelische Fortschritte allein oder körperliche Fortschritte allein beobachtet." (Bettelheim, 2007, S. 112)

Die Beschäftigung mit Bewegung erfährt damit eine wesentliche Erweiterung. Bewegung reduziert sich nicht auf das Mechanisch-Motorische, sondern bezieht die Psyche ein. **Bewegung ist immer gleichzeitig sinnlich, intelligent und emotional.** Sichbewegen ereignet sich als ein inniges Beziehungsgefüge zwischen Physischem und Psychischem.

Normalerweise ergibt sich der motorische Verlauf der Bewegungen aus dem verfolgten Zweck: Das Kind springt über ein Hindernis, es greift nach etwas, es dreht sich im Kreis usw. Gleichzeitig kommt in den Bewegungen die untrennbare Verknüpfung mit den psychischen Prozessen zum Ausdruck: Das Kind springt freudig ausgelassen oder aggressiv oder ängstlich oder draufgängerisch usw. über das Hindernis. Diese psychischen Qualitäten werden zumindest teilweise in den **Ausdruckskomponenten einer Bewegung** sichtbar. Verändern sich die Ausdruckskomponenten beim Bewegen, so haben sich die psychischen Prozesse ursächlich gewandelt. Damit bilden die Ausdruckskomponenten einen Ansatz, um im pädagogischen Prozess indirekt auf die mit Bewegung verbundenen psychischen Abläufe Einfluss zu nehmen. Ein Kind drückt beispielsweise in seinen Bewegungen eine gewisse Schwerfälligkeit aus. Wenn es Anregungen aufgreift, seine Bewegungen leichter, entspannter, leiser oder eleganter durchzuführen, kann es ihm gelingen, in seinen Bewegungen mehr Lebhaftigkeit aufkommen zu lassen.

Die Betrachtung der menschlichen Bewegung als Selbstbewegung hat weitreichende Auswirkungen auf das Bewegungslernen: Gleichzeitig mit der Verbesserung der **funktionalen Bewegungsabläufe** rückt der **Bewegungsausdruck** des Kindes und damit der psychische Hintergrund des Bewegens ins Blickfeld. Durch Einflussnahme auf die Wahrnehmung, das Denken und den Umgang mit Emotionen beim Bewegen kann die Aufmerksamkeit des Kindes sowohl auf

- sein Körperbewusstsein als auch auf

- seine individuelle und
- soziale Befindlichkeit

gelenkt werden. Bewegung wird dadurch für die Kinder zum **gestaltbaren Erlebnis** und zur **lebendigen Selbsterfahrung**.

Da Bewegung als ein Lebensmittelpunkt von Kindern gilt, bezieht sich diese umfassende Art des Bewegungslernens gleichzeitig auf kindgemäße Lebenszusammenhänge.

1.3 Bewegung und Entfaltung der Persönlichkeit

Bisher wurden die psychischen Prozesse in den **aktuell ablaufenden** Bewegungssituationen betrachtet. Was geschieht, wenn die gleichen psychischen Prozesse beim Bewegen immer wieder auftreten?

1.3.1 Zur Entwicklung von Identität

Die mit Bewegung verbundenen Ausdruckskomponenten sind speziell auch bei Kindern ein Spiegel des psychischen Geschehens. Wenn nun die gleichen Qualitäten des Ausdrucks in Bewegungen nicht nur sporadisch auftreten, sondern bei einem Kind regelmäßig zu beobachten sind, dann gewinnen diese Merkmale allmählich den Status von **persönlichen Eigenschaften**. Ein Kind gilt dann als selbstbewusst, schüchtern, ausgeglichen, schnell erregbar, phantasievoll, wissbegierig usw. Das psychische Geschehen beim Bewegen wirkt sich als prägend auf die Charakterzüge bei Kindern aus. In diesem Sinn entfaltet Bewegung, vermittelt über die psychischen Prozesse, in der Langzeitwirkung die **kindliche Identität**. Das Kind entwickelt durch die Gestaltung des psychischen Geschehens beim Bewegen seine Persönlichkeit.

„Wenn wir den Wunsch haben, dass Ich zu stärken, müssen wir dem Kind natürlich reichlich Gelegenheit geben, sein Ich zu üben, sodass es zur rechten Zeit die Fähigkeit erwerben kann, eine vernünftige Wahl zu treffen ." (Bettelheim, 2007, S. 128)

1.3.2 Entwicklungsschwierigkeiten

Der Tatbestand, dass Kinder im Bewegen ihre Person selbst entwickeln, ist nun leider keineswegs frei von Problemen: Besonders Kinder können viele ihrer Bewegungen nicht frei aus sich heraus gestalten. Vor allem durch soziale Abhängigkeiten, aber auch durch Umweltgegebenheiten entstehen Einflüsse, die von Geburt an von außen her fordernd und sanktionierend das Bewegungsverhalten des Kindes formen. So wirken sich z. B. viele städtische Wohnungen durch ihre Enge und Hellhörigkeit eher bewegungshemmend auf die Kinder aus. Weiterhin fallen auch die meisten Straßen wegen des angewachsenen Autoverkehrs als Bewegungsraum für kleine Kinder völlig aus. Auch die Normierung von Spielgeräten auf Spielplätzen schränkt die Bewegungsmöglichkeiten von Kindern eher ein. Diese Einengung von ursprünglichen Bewegungsräumen wirkt sich nicht nur nachteilig auf die motorischen Kompetenzen von Kindern aus, sondern schränkt auch ihre psychischen Entwicklungsmöglichkeiten ein. Kinder haben viel weniger Chancen, sich selbst in vielfältiger Weise auszuprobieren.

„Der Tag ist in unserer Gesellschaft nicht gemäß einem Lebensrhythmus organisiert, der auf den Bedürfnissen oder spontanen Interessen des Kindes beruht. Wenn sie ganz frei wären, sich ihr Leben nach eigenem Gutdünken einzurichten, würden nur wenige Kinder (wenn überhaupt) es für richtig halten, von neun bis drei Uhr in der Schule zu sitzen, von drei bis sechs zu spielen, dann zum Essen zu marschieren und so fort." (Bettelheim, 2007, S. 125)

Kindern ist der Zusammenhang zwischen dem Sichbewegen und der Entfaltung der eigenen Person bis weit ins Jugendalter hinein nicht zu vermitteln. Damit bleibt ihnen ein bewusst auf diese Zielsetzung ausgerichtetes Bewegungsverhalten verschlossen. Nun ist aber auch vielen Erwachsenen das beschriebene Beziehungsgefüge weitgehend unbekannt. Damit wird weder den Ausdruckskomponenten noch dem psychischen Geschehen bei den kindlichen Bewegungen gezielt Aufmerksamkeit geschenkt. Die Entwicklung der Identität von Kindern bleibt also in vielen Fällen unbeachtet und irgendwie dem Selbstlauf überlassen. **Die eigentlich im Bewegungslernen liegenden Möglichkeiten für die Entwicklung der kindlichen Identität werden sehr oft nicht bewusst genutzt.**

1.3.3 Geduldig Einfluss nehmen

„In ähnlicher Weise haben wir bei unseren bewegungsgehemmten Kindern, selbst bei den hoch intelligenten, beobachten können, dass selbstständiges Denken und schließlich die Fähigkeit, sich zu einer eigenständigen Persönlichkeit zu entwickeln, genau wie bei Kleinkindern erst auftraten, nachdem die Kinder die Fähigkeit erworben hatten, sich frei und ohne Unterstützung zu bewegen." (Bettelheim, 2007, S. 217)

Vor diesem Hintergrund ist keineswegs abgesichert, dass sich die Persönlichkeit des Kindes, angeregt durch Bewegung, immer in eine positive Richtung entwickelt. Der Begriff „Entfaltung der Person" findet hier also auch Verwendung, wenn sich Eigenschaften herausbilden, die das Kind von seinem Wesen entfernen. Beispielsweise ist Rücksichtslosigkeit bei einem Kind nicht angeboren. Es gibt aber in unserer Gesellschaft vielfach Situationen, in denen rücksichtsloses Verhalten als Erfolg gewertet wird. Kinder, die sich dieses Muster zu eigen machen, verfestigen diese Eigenschaft nach und nach, bis sie ihre Person kennzeichnet.

Die Vernetzung von Wahrnehmung, Denken und Emotionen ist offensichtlich derart komplex, dass die Ausbildung charakteristischer Strukturen bei einem Kind normalerweise viele Wiederholungen benötigt. Anregungen zur Ausprägung oder Veränderung von charakteristischen Eigenschaften von Kindern verlangen viel **Geduld**. Es kommt darauf an, mit viel Einfühlungsvermögen auch kleinste positive Ansätze im psychischen Geschehen beim Sichbewegen aufzugreifen und zu verstärken. Anzustreben ist, dass das Kind die Ermutigungen aufgreift und eigenständig weiterführt.

1.3.4 Bewegungsausdruck gestalten

„Darum werden die Kinder, wann immer dies möglich ist, ermutigt, sich ihre Aufgaben selbst zu stellen und sie dann auch zu erledigen." (Bettelheim, 2007, S. 159)

Ein Eingreifen in diese Abläufe ist vor allem deshalb so schwierig, weil die psychischen Prozesse – als eigentliche Ursache – intern ablaufen. Sie lassen sich nicht direkt von außen beobachten. Nun lässt sich aber das psychische Geschehen zumindest teilweise aus den **Ausdruckskomponenten der Bewegung** erschließen (vgl. 1.2.5). Die gleiche funktionale Bewegung sieht völlig anders aus, je nachdem, ob sie auf Freude oder auf Angst basiert. Auch Kinder können in ihrem Erleben freudvolle von ängstlichen Bewegungen unterscheiden. Wenn es einem Kind gelingt, dass die Angst aus seinen Bewegungen allmählich verschwindet und Bewegung als Vertrauen in das eigene Können erlebt wird, dann hat sich mit der Veränderung des Bewegungsausdrucks gleichzeitig eine neue Facette der kindlichen Person ausgebildet. Die Formung des Bewegungsausdrucks bietet also einen Ansatz, um auf die persönlichen Eigenschaften von Kindern Einfluss zu nehmen.

Das enge Beziehungsgefüge zwischen dem Sichbewegen und der Entfaltung der Persönlichkeit führt wieder zu einer wechselseitigen Einflussnahme:

- **Qualitative Ansprüche an Bewegung von Kindern beeinflussen ihre psychische Entwicklung und formen damit die Persönlichkeit.**
- **Umgekehrt nehmen die charakteristischen Eigenschaften eines Kindes Einfluss auf die Gestaltung seiner Bewegungen.**

1.3.5 Zur Bedeutung der Bewegung für die kindliche Entwicklung

Eine Zusammenfassung der bisherigen Ergebnisse liefert die Basis, um die Bedeutung der Bewegung für die Erziehung und Bildung im Elementarbereich einschätzen zu können: **Bewegungslernen im umfassenden Sinn** bezieht sich **immer gleichzeitig** sowohl auf

- ein **Verbessern des motorischen Bewegungsablaufs** (vgl. 1.1) als auch auf
- eine **Ausdifferenzierung der Wahrnehmung** (vgl. 1.2.2),
- eine **effektivere Strukturierung der kognitiven Prozesse** (vgl. 1.2.3),
- ein **wachsendes Bewusstsein gegenüber der Emotionalität** (vgl. 1.2.4) und
- die **Entwicklung der eigenen Person** (vgl. 1.3).

Insgesamt lenken die vier zuletzt genannten Ebenen die Aufmerksamkeit auf das psychische Geschehen beim Bewegen. Wobei die ersten drei sich auf das **aktuelle psychische Bewegungsgeschehen** beziehen, während die letzte Ebene das **Langzeitgeschehen** betrifft. Miteinander vernetzt verweisen die vier psychischen Ebenen darauf, dass Bewegungslernen sowohl mit

- der **Entwicklung von Körperbewusstsein**

als auch über die Ausdruckskomponenten von Bewegung mit

- der **Einflussnahme auf die individuelle** und
- **soziale Befindlichkeit**

verknüpft werden kann. Nicht zuletzt steckt in den psychischen Ebenen die Möglichkeit,

- **Bewegung kreativ und gestalterisch einzusetzen.**

Die hier vorgestellte Aufschlüsselung des Bewegungslernens gehört in dieser Form noch nicht zum Allgemeingut der Bewegungspädagogik. Vor allem in Methodikbüchern, die auf die Praxis bezogen sind, zielt Bewegungslernen nach wie vor hauptsächlich auf eine Verbesserung der motorischen Bewegungsabläufe. **Die systematisch abgeleitete Erweiterung des Bewegungslernens auf insgesamt fünf Ebenen wertet die Stellung der Bewegung für die kindliche Entwicklung wesentlich auf.**

Die fünf Ebenen des Bewegungslernens sind bei allen kindlichen Bewegungen in ständiger Wechselwirkung aktiv und nehmen aufeinander Einfluss. **Bewegung ist also nur möglich, in dem immer alle Ebenen gleichzeitig wirksam sind.** Dabei ist nicht entscheidend, ob ihnen Beachtung geschenkt wird oder ob sie dem Selbstlauf überlassen bleiben. Für eine bewusste Steuerung dieser Prozesse besteht nicht unbedingt eine Notwendigkeit, auch wenn sie in vielen Bereichen möglich ist.

„Wir versuchen – und das gelingt uns meistens –, unsere Kinder zu lehren, ein erfolgreiches Leben zu führen, nicht nur in Bezug auf das, was die Gesellschaft von ihnen erwartet, sondern auch hinsichtlich dessen, was sie genießen und was ihnen das Leben eines Tages als sinnvoll erscheinen lassen wird." (Bettelheim, 2007, S. 363f)

Diese von selbst funktionierende Verbindung zwischen der physischen und den psychischen Ebenen beim Bewegen ist einerseits segensreich, denn durch diese automatischen Verknüpfungen wird das Bewegungslernen in der frühen Kindheit überhaupt erst möglich. Andererseits ist nicht gewährleistet, dass durch den automatischen Bezug der Ebenen aufeinander auch eine bestmögliche Ausprägung der psychischen Dimensionen erreicht wird. Hierzu wären zumindest weitgehend optimale Bewegungsmöglichkeiten erforderlich, die aber in der heutigen Gesellschaft kaum noch gegeben sind. Für das Bewegungslernen der Kinder bestehen heute in vielen Fällen mehr oder weniger gravierende Einschränkungen. Von daher sollte die Verbindung von psychischem Geschehen und Bewegung zumindest im Rahmen der institutionellen Erziehung und Bildung bewusst aufgegriffen und gefördert werden.

Insgesamt ist die weitverbreitete Meinung eindrucksvoll widerlegt, dass die Wirkung von Bewegung lediglich auf den Körper beschränkt ist. **Werden die beschriebenen Möglichkeiten, die das Bewegungslernen anbietet, in vollem Umfang bewusst genutzt, so wird Bewegung zu einem zentralen Element für die kindliche Entwicklung.**

1.4 Zur inhaltlichen Gestaltung von Bewegung, Rhythmik und Tanz

1.4.1 Indirektes Lernen bei Kindern

„Eine allgemeine Freiheit, seinen spontanen Impulsen gemäß zu handeln, ist also notwendig, wenn ein Kind in gewissen Lebenssituationen diejenigen Verhaltensweisen an den Tag legen soll, die unter restriktiven Bedingungen überhaupt nicht erscheinen (...) (Bettelheim, 2007, S. 331)

Kinder suchen die Auseinandersetzung mit sich und ihrer Umwelt. Alles, was in ihrer Umgebung ihr Interesse weckt, wollen sie kennenlernen und ausprobieren. Basis dieser Welterkennung ist die **Bewegung**, die normalerweise spielerisch und experimentierend eingesetzt wird, um so die Erfahrungen schrittweise zu erweitern. **Lernen** entsteht also in den ersten Lebensjahren weitgehend von selbst durch die Art und Weise der Beschäftigung mit sich und der Umwelt. Es ergibt sich einfach aus den durch Interesse begründeten ausprobierenden Wiederholungen im Rahmen der kindlichen Betätigungen. Gemessen an der Quantität und der Qualität der Lernresultate ist diese Art des **indirekten Lernens** ausgesprochen effektiv, sodass die beschriebene Vorgehensweise der Kinder möglichst lange erhalten bleiben sollte. Wesentlich ist, den **Eifer** und die **Neugier** der Kinder möglichst anzuregen und zu verstärken. Gleichzeitig kommt es darauf an, dem Kind eine Umwelt zu bieten, die seinen Interessen weitgehend entspricht. Es kann dann die vorhandenen Angebote selbstständig aufgreifen, um sich erweiternd und vertiefend – also lernend – damit zu beschäftigen.

1.4.2 Bewegung, Rhythmik und Tanz in den Bildungsplänen

Der Entwicklung der Kinder gemäß ihren subjektiven Interessen sind aber Grenzen gesetzt. Kinder wachsen in eine Gesellschaft hinein, die vielfältige Qualifikationen erfordert, um in ihr ein lebenswertes Leben gestalten zu können. Die dabei geforderten Fähigkeiten und Fertigkeiten spiegeln aber in vielen Fällen zunächst nicht die kindlichen Interessen wider. Damit reicht das indirekte Lernen als alleiniger Impulsgeber nicht mehr aus. Das **angeleitete Lernen** gewinnt im Leben der Kinder immer mehr Bedeutung. Kinder werden dadurch verstärkt mit dem Problem konfrontiert, etwas lernen zu sollen, was nicht unbedingt ihren Bedürfnissen entspricht.

„Sobald ein Kind die Fähigkeit erworben hat, sich frei zu bewegen und zu anderen Menschen in Beziehung zu treten, pflegt es auch zum Spielen fähig zu sein und das Spielen ist in seiner Erziehung zu körperlicher, emotionaler und intellektueller Zulänglichkeit kein großes Problem mehr.“ (Bettelheim, 2007, S. 203)

Vor allem Institutionen, die sich offiziell der Erziehung und Bildung von Kindern widmen, sind mit diesen Problemen konfrontiert. Einerseits besteht die Notwendigkeit, die Inhalte, die sie vermitteln möchten, bildungspolitisch zu begründen. Andererseits ist die Bedürfnissituation der Kinder zu berücksichtigen. Bezogen auf die Verankerung von **Bewegung, Rhythmik und Tanz** in den neuen Bildungsplänen für den Elementarbereich fällt die Rechtfertigung leicht:

- Bewegung, Rhythmik und Tanz nehmen im kindlichen Leben einen wichtigen Stellenwert ein und treffen damit auf ein breites Interesse bei den Kindern.
- Gleichzeitig handelt es sich bei Bewegung, Rhythmik und Tanz um grundlegende, gesellschaftlich anerkannte kulturelle Werte, die als wichtige Bausteine bei der Gestaltung des menschlichen Lebens gelten.

1.4.3 Zu den Inhalten von Bewegung, Rhythmik und Tanz

Wenn Bewegung, Rhythmik und Tanz in der Erziehung und Bildung im Elementarbereich ein wichtiger Stellenwert eingeräumt wird, dann ist eine Beschreibung der Inhalte der einzelnen Bereiche erforderlich:

„Sehr viel mehr als das von Erwachsenen geforderte Lernen ist das Spiel das Gebiet, in dem das Kind seine Selbstständigkeit erprobt und entwickelt, wo es lernt, sich seinen Altersgenossen gegenüber zu behaupten.“ (Bettelheim, 2007, S. 217)

- Wie schon ausgeführt (vgl. 1.1) bezieht sich **Bewegung** vor allem auf die Erweiterung der Kompetenz von Alltagsbewegungen. Um dabei über genügend herausfordernde Variationen zu verfügen, bieten sich Anleihen bei **gymnastischen oder turnerischen Grundelementen** an. Damit das Spielerische genügend Raum erhält, bildet der vielfältige Bereich der „**kleinen Spiele**“ eine reiche Fundgrube.
- **Rhythmik (Rhythmische Erziehung)** ist eine Arbeitsweise, in der Musik und Bewegung miteinander verknüpft werden. Musik beschränkt sich dabei nicht auf ein **Spiel mit Instrumenten**, sondern schließt sowohl **Materialien zur Erzeugung von Geräuschen** als auch die **Stimme (Gesang und Sprache)** mit ein.
  Zu Beginn des letzten Jahrhunderts erkannte **Emile Jaques-Dalcroze** (s. S. 152), dass Bewegung zur Intensivierung der musikalischen Ausdrucksfähigkeit genutzt werden kann. Es entsteht die „Gymnastique Rhythmique“. Dieser **musikpädagogische Ansatz** wurde entscheidend vor allem durch **Elfriede Feudel** (s. S. 152) (allgemeine Pädagogik) und **Mimi Scheiblauer** (s. S. 152) (Heilpädagogik) erweitert. Beide erkannten, dass die Erziehung durch Musik und Bewegung zusätzlich

zur Entwicklung der Persönlichkeit genutzt werden kann (vgl. grundsätzlich die Ausführungen zu 1.2 und 1.3). Der Umgang mit Bewegung bleibt rhythmisch, wird aber über die speziellen Formen der Rhythmischen Gymnastik hinaus auf menschliches Bewegen ganz allgemein erweitert. Es entstehen vielfältige Aufgaben und Methoden, die Musik und Bewegung miteinander in eine differenzierte Wechselwirkung bringen: Musikalische Elemente geben Impulse für die Bewegung und Bewegungen werden musikalisch umgesetzt.
Ziel ist die Entwicklung von Freude im Umgang mit rhythmischer Ausformung von Klängen und Bewegung. Um die Fantasie und die Kreativität der Kinder anzuregen, werden in der **rhythmisch-musikalischen Erziehung** von Anfang an Materialien aus Natur und Umwelt (Steine, Muscheln, Schneckenhäuser, Essstäbchen, Bierdeckel, Mülltüten usw.) aber ebenso „klassische" Materialien (Bälle, Bänder, Stäbe, Seile, Reifen usw.), eingesetzt.

- Im **Tanz** sind Musik und Bewegung „von Natur aus" miteinander verbunden. Neben dem Vertrautwerden mit **grundlegenden Tanzformen** geht es im Elementarbereich vor allem um Anregungen für die Kinder zur **Tanzgestaltung** aus der Improvisation heraus. Um das spielerische Darstellen zu fördern, lassen sich sehr gut Inhalte aus dem **darstellenden Spiel** integrieren.

In der Praxis lassen sich Bewegung, Rhythmik und Tanz nicht immer klar voneinander trennen, sondern sie gehen oft ineinander über.

1.5 Ziele und methodische Vorgehensweisen bei der Bildung und Erziehung durch Bewegung, Rhythmik und Tanz

1.5.1 Zu den Zielsetzungen

Aus den bisherigen Ausführungen wird deutlich: Bildung und Erziehung durch Bewegung, Rhythmik und Tanz sind vor allem deshalb so komplexe Vorgänge, weil die fachliche und die persönliche Entwicklung der Kinder nicht voneinander zu trennen sind. Bewegen, Wahrnehmen, Denken und die Emotionen, bezogen sowohl auf die fachlichen Inhalte als auch auf die eigene Person des Kindes und auf die sozialen Bezüge, laufen sich wechselseitig beeinflussend in großem Tempo und zum großen Teil von außen nicht einsehbar gleichzeitig ab. In welcher Art und Weise kann trotzdem auf diese vielfältigen Prozesse durch **angeleitetes Lernen** bewusst und sinnvoll Einfluss genommen werden?

„Der Ordnungsgedanke darf ihm auch nicht aufgezwungen werden. Er muss ihm so vor Augen geführt werden, dass das Kind selbst zu erkennen beginnt, diese Art zu leben sei vernünftiger und für es selbst vorteilhaft." (Bettelheim, 2007, S. 37)

Kinder sind in der Lage, ihre **Aufmerksamkeit** gezielt zu lenken. Sie können einzelne Prozesse aus dem komplexen Gesamtablauf herauskristallisieren, um sie bewusst zu üben. Die Lernprozesse der Kinder verändern sich, je nachdem, ob sie, angeregt durch die Erziehenden, ihr Augenmerk auf

- das Körperbewusstsein,
- die Bewegungskoordination,
- den Bewegungsausdruck,

- die Differenzierung der Wahrnehmung,
- die musikalische Ausgestaltung,
- die konzentrierte Durchführung,
- die Erlebnisweisen,
- die kreative gestalterische Umsetzung,
- die sozialen Beziehungen in der Gruppe usw.

richten.

Als **übergeordnete Zielsetzung** bei der Ausbildung in den Bereichen Bewegung, Rhythmik und Tanz sollte im Elementarbereich ein **anhaltendes Engagement der Kinder für Bewegung und Musik** angestrebt werden. Um dieses Ziel durch angeleitetes Lernen zu erreichen, genügt es nicht, allein fachlich ausgerichtete Lernziele zu verfolgen. Vielmehr ist es erforderlich, auch auf die persönliche Befindlichkeit der Kinder Einfluss zu nehmen. Kinder sollen ihre Auseinandersetzung mit Bewegung und Musik vorrangig als angenehm und interessant erleben. Frustrationen oder Langeweile wirken dem Aufbau eines anhaltenden positiven Verhältnisses zu Musik und Bewegung entgegen. Die Zielsetzungen des angeleiteten Lernens sind so auszuwählen, dass ein fachlich fundierter Einstieg in Bewegung und Musik sich mit grundsätzlich positiven Befindlichkeiten der Kinder verbindet. **Lernziele, die sich auf die persönliche Entwicklung der Kinder beziehen, bilden damit einen gleichberechtigten eigenständigen Inhaltsbereich.** Die bewusste Koppelung der drei Inhaltsbereiche persönliche Entwicklung der Kinder, Bewegung und Musik wird als ganzheitliches Lernen bezeichnet. **Sachbildung und Menschenbildung fallen zusammen.**

„Wir sind der Ansicht, dass vor allem anderen ein Kind zutiefst davon überzeugt sein muss, dass (...) diese Welt angenehm sein kann, bevor es irgendeinen Antrieb verspüren kann, in ihr weiterzukommen." (Bettelheim, 2007, S. 36)

1.5.2 Zum Zusammenspiel von Zielen und Aufgaben

Angeleitetes Lernen vermittelt sich den Kindern über **Aufgaben**, die von den Erziehenden angeregt werden. Durch diese Aufgaben erhalten Kinder die Möglichkeit, sich auf einem ihrer Entwicklung entsprechenden Niveau mit Bewegung und Musik, mit sich selbst und anderen auseinanderzusetzen.

Angeleitetes Lernen strebt Ziele an, d. h. Aufgaben werden zielbezogen ausgewählt:

- „Findet unterschiedliche Möglichkeiten, einen Gymnastikstab zu tragen."
- „Bewegt euch im gleichen Tempo, in dem ich auf dem Klavier spiele, durch den Raum."
- „Was erlebt ihr, wenn euch jemand mit geschlossenen Augen durch den Raum führt?"

„(...), aber wir stellen die Aufgaben, deren Bewältigung zu einem erfolgreichen Leben gehört, in solcher Weise, dass ihre Lösung das unzulängliche und geschädigte Ich stärkt." (Bettelheim, 2007, S. 41)

Die zuletzt aufgeführte Aufgabe eignet sich beispielsweise sowohl zur Erweiterung der Selbsterfahrung als auch zur Erweiterung der sozialen Kompetenz. D. h. in vielen Aufgaben stecken mehr Ziele, als beim angeleiteten Lernen bewusst aufgegriffen werden. Beispielsweise beinhalten alle Gruppenaufgaben gleichzeitig fachlich inhaltliche und soziale Zielsetzungen. Werden ausschließlich die fachlichen Ziele bewusst gefördert, findet das soziale Lernen indirekt und damit unkontrolliert statt. Dabei ist nicht gewährleistet, dass die Kinder ihre soziale Kompetenz erweitern. Soll verhindert werden, dass sich unsoziale Verhaltensweisen ausprägen, ist beim angeleiteten Lernen **Achtsamkeit gegenüber allem indirekten Lernen** notwendig. So lassen sich Fehlentwicklungen vermeiden.

„[Wir räumen eher zu viel Freiheiten ein], weil wir warten müssen, bis das Kind uns Hinweise darauf gibt, wie wir ihm am besten helfen können. Solche Hinweise bekommen wir mit viel größerer Wahrscheinlichkeit, wenn wir zulassen, dass das Kind seinen eigenen Neigungen folgt." (Bettelheim, 2007, S. 212)

Kinder, die eine Aufgabe durchführen, sind zunächst einmal beschäftigt, d. h., sie tun etwas. **Beschäftigung** garantiert aber noch nicht, dass angestrebte Ziele auch erreicht werden. Es kann beispielsweise das Ziel einer Aufgabe sein, die gleichberechtigte Zusammenarbeit in Paaren zu fördern. Wenn nun ein dominantes Kind, das zwar rücksichtslos, aber ohne böse Absicht nur seine eigenen Ideen verwirklicht, mit einem zurückhaltenden Kind ein Paar bildet, kommt dieses Verhalten in ihren Aufgabenlösungen nicht zum Ausdruck. Die eigentliche Zielsetzung der Aufgabe wird ohne Veränderung der Zusammenarbeit der beiden Kinder aber verhindert. Erst wenn das dominante Kind bei der Lösung der Aufgabe lernt, sich mehr zurückzunehmen oder das zurückhaltende Kind mehr Durchsetzungskraft entwickelt, ergeben sich Fortschritte im Sinne der Zielsetzung. **Der Prozess bei der Durchführung der Aufgabe ist also zielbezogen zu beobachten**. Gegebenenfalls sind anregende Hilfen erforderlich, damit die Kinder die Aufgabe auch wirklich im Sinn der angestrebten Ziele lösen.

1.5.3 Durch Üben mit offenen Aufgaben das Selbstbewusstsein der Kinder fördern

„Innerhalb der vorausgeplanten Tätigkeiten hat das Kind ebenfalls einen weiten Spielraum für seine Entscheidungen (...)." (Bettelheim, 2007, S. 275)

Die meisten Bewegungen, die ein Kind lernt, gelingen erst nach intensivem Üben. Bewegungskönnen basiert fast immer auf häufigen Wiederholungen. Während das pausenlos lustvolle Üben von Bewegungen häufig bei Kleinkindern zu beobachten ist, verliert sich dieses Verhalten bei vielen älteren Kindern. Sie erleben Wiederholungen als „ermüdend" und „langweilig". Diese fatale Auffassung, die Bewegungskönnen verhindert, kann sich entscheidend verändern, wenn Kinder bewusst erleben: Wiederholung heißt nicht „das Gleiche genauso noch einmal", sondern in jeder Wiederholung liegt die Chance zu erweiterten und vertieften Erfahrungen. Leicht variierte Aufgabenstellungen, in denen es um dieselbe geschickt abgewandelte Aufgabe geht, hält die Kinder in der Spannung, macht Wiederholung „kurzweilig". Es ist wichtig, dass Kinder diese positiven Aspekte des Wiederholens **bewusst**

erleben. So können sie eine positive Beziehung zum Üben aufbauen. Im besten Fall wollen Kinder dann von sich aus üben.

„Wie in allen anderen Lernsituationen nützt es wenig, wenn der Lehrer weiß, was das Kind lernen soll, solange das Kind selbst nicht überzeugt ist, dass es zu seinem eigenen Besten lernen muss.“ (Bettelheim, 2007, S. 151)

Um Kinder zu motivieren, sich gerne mit Bewegung und Musik zu beschäftigen, ist es hilfreich, ihnen Aufgaben zu stellen, in deren Lösung sie eigene Ideen und individuelle Interessen einbringen können. Damit erhalten **offene Aufgaben**, die Lösungen in vielfältiger Weise zulassen, im Unterricht einen wichtigen Stellenwert. Sie regen Kinder an, ihre **Fantasie und Kreativität** im Probieren, Erfinden und Finden, Selektieren, Kombinieren und Gestalten spielen zu lassen. Kinder erleben, dass sie in einem vorgegebenen Rahmen Eigenes entwickeln können. Diese **Selbstäußerung** der Kinder gilt es auszubauen.

„Die Befriedigung der Bedürfnisse eines Kindes muss zu dem Mittel werden, das es veranlaßt, eine positive Beziehung zu den Erwachsenen zu entwickeln, die für sein Wohlbefinden sorgen.“ (Bettelheim, 2007, S. 36)

Angeleitetes Lernen achtet auf eine **langsam zunehmende Komplexität der Aufgaben**. Dadurch werden den Kindern Ansätze geboten, sich in ihrem Entwicklungstempo **bisher unbekannte „Räume“** zu erschließen und allmählich in ihnen heimisch zu werden. Diese Entfaltung individuell gestalteter Erlebnisweisen durch Bewegung und Musik erfordert von den Kindern viel Mut. Sie benötigen dafür die Sicherheit, im Unterricht **durchgängig einen aufbauenden Beistand** zu erleben. Diese Unterstützung durch die Erziehenden ist vor allem dann entscheidend, wenn Frustrationen eines Kindes in Resignation zu münden drohen. In derartigen Situationen sollte Hilfe möglichst darauf ausgerichtet sein, bei den Kindern Kräfte zu mobilisieren, um ihr **Selbstbewusstsein zu steigern**.

„(…) die Behandlung eines Kindes [kann] als abgeschlossen angesehen werden, [wenn] es fähig ist, (…) von sich aus lernen zu wollen und (…) sich an Schulerlebnissen zu freuen.“ (Bettelheim, 2007, S. 169)

Der gesamte nachfolgende Teil des Buches demonstriert immer wieder, wie die hier entwickelten komplexen theoretischen Zusammenhänge konkret praktisch umgesetzt werden können. Auch wenn es schwer ist, die vielschichtigen Unterrichtssituationen mit Worten einigermaßen umfassend zu beschreiben, so wird doch durchgängig angestrebt, mit Aufgaben aus den Bereichen Bewegung, Rhythmik und Tanz das Engagement der Kinder für Bewegung und Musik zu wecken und gleichzeitig ihre persönliche Entwicklung zu fördern. Die behandelten Themen sind als Anregung zu verstehen, die in vielfältiger Weise abgeändert werden können. Es sind Beispiele, die sich auch auf andere Themen übertragen lassen.

Zu bestimmten Liedern wurden eigens **Musikstücke** komponiert, die die Umsetzung der Aktivitäten in der Praxis sinnvoll unterstützen und **im Internet** unter dem Link **http://www.bildung-von-anfang-an.de/50095** kostenlos heruntergeladen werden können. Die Internet-Tracks sind durch das Symbol in der Randspalte kenntlich gemacht.

2 Bewegung, Rhythmik und Tanz im Verlauf des Kindergartenjahres

2 Bewegung, Rhythmik und Tanz im Verlauf des Kindergartenjahres

Über den Umgang mit Themenfeldern und Bausteinen

Das nachfolgende Kapitel gliedert den Ablauf des Kindergartenjahres in verschiedene thematische Abschnitte. Damit die Kinder sich in einem thematischen Zusammenhang mit Bewegung, Rhythmik und Tanz auseinandersetzen können, werden **Themenfelder** erarbeitet, die sich den Kindern mithilfe von **Bausteinen** erschließen. Dieser Aufbau bietet der Erzieherin konkrete Anregungen für die praktische Arbeit.

Die Bereitschaft der Kinder, sich für Spiele und Aufgaben zu interessieren, ist von vielen Faktoren abhängig: Tagesform, individuelle Verfassung, gruppendynamische Situation, andere Angebote im Kindergarten zu anderen Themen, Vermittlungsform usw. Von daher ist es erforderlich, dass die Erzieherin aufgrund der Gruppensituation entscheidet, in welchem Zusammenhang sie die Themenfelder erarbeitet und welche Bausteine sie dabei einsetzt. „Komponieren" Sie selbst die Folge der Aufgaben, verbinden Sie diese auch mit solchen, die Sie bereits aus anderen Bereichen kennen, und planen Sie die Angebote so, dass Sie sich flexibel auf die Gruppensituation einstellen. Dabei können Sie alle aufgeführten Bausteine in ihrer Reihenfolge umstellen und gegebenenfalls inhaltlich verändern. Letztendlich ist es durchaus erwünscht, dass Sie eigene **Bausteine** zu vorgegebenen Themenfeldern entwickeln und schließlich auch **eigenständig hier nicht behandelte Themenfelder** zusammenstellen.

Die **individuelle Entwicklung von Kindern** verläuft sehr unterschiedlich. Häufig unterscheiden sich die Erfahrungen, Fähigkeiten und Kenntnisse von Gleichaltrigen sehr. Deshalb wurde hier auf Altersangaben verzichtet. Alle Bausteine verdeutlichen eine prozessorientierte Arbeitsweise. Die Erzieherin kann durch **aufmerksames Beobachten** feststellen, ob einzelne Kinder über- oder unterfordert sind und ob die Aufgaben in vereinfachter oder anspruchsvollerer Form angeboten werden sollten. Häufig sind sie so gestaltet, dass sie die Kinder zu individuellen Lösungen anregen. Diese entsprechen natürlicherweise dem momentanen Entwicklungsstand des Kindes, und der sollte von der Erzieherin immer als Maßstab für ihre Wertschätzung gesehen werden.

2.1 Anfangsphase im Kindergarten

Zu Beginn des Kindergartenjahres verändert sich die Zusammensetzung der Gruppen. Einige Kinder sind nicht mehr dabei, andere kommen neu hinzu. Für diese ist alles ungewohnt: die Räume, die anderen Kinder, die Erwachsenen, die Zeiten und Regeln. Inzwischen sind die neu hinzukommenden Kinder oft jünger als drei Jahre alt und brauchen besondere Unterstützung, um sich in der Gruppe, den Räumlichkeiten und der ungewohnten Situation zurechtzufinden und ein Wohlbefinden zu entwickeln.

In den nachfolgenden Angeboten werden bewusst Übungen mit Bällen, Kuscheltieren und weichen Kissen aufgegriffen. Kinder mögen diese Materialien. Sie helfen ihnen, sich wohlzufühlen, und unterstützen sie darin, sich auf fremde Situationen einzulassen und Vertrauen zu entwickeln.

Übersicht

2.1.1 Zur Einstimmung

- Themenfeld: Mein Körper – Bewegungsspaß mit Versen und Gedichten

2.1.2 Bewegungsangebote mit Bällen

- Themenfeld: Kontaktaufnahme innerhalb der Gruppe mit einem Plüschball
- Themenfeld: Wahrnehmungsspiele mit verschiedenen Bällen
- Themenfeld: Experimentier- und Übungsspiele mit Bällen

2.1.3 Bewegungsangebote mit Kuscheltieren

- Themenfeld: Kommunikationsspiele mit Kuscheltieren
- Themenfeld: Spiele zur Identifikation mit Kuscheltieren

2.1.4 Bewegungsangebote mit Kissen

- Themenfeld: Experimentier- und Übungsspiele mit Kissen
- Themenfeld: Spielszenen und Geschichten mit Kissen

2.1.5 Zum Ausklang

- Themenfeld: Mein Körper – Bewegungsspaß als Teddybär
- Themenfeld: Bewegte Ruhe mit Kuscheltieren und Kissen
- Themenfeld: Mein Körper – Zauberspaß mit Sprüchen

2.1.1 Zur Einstimmung

■ **Themenfeld: Mein Körper – Bewegungsspaß mit Versen und Gedichten**

1. Baustein: Wir sind fit!
Medien: Musikstück „Morgenhit“, zum Herunterladen im Internet, Track 1

Morgenhit

Text	*Bewegungsvorschlag*

Hal - lo Kin - der seid ihr fit? Trom - meln al - le un - sern Bauch,	*Beide Arme „winken“,* *Beide Hände trommeln auf den Bauch.*
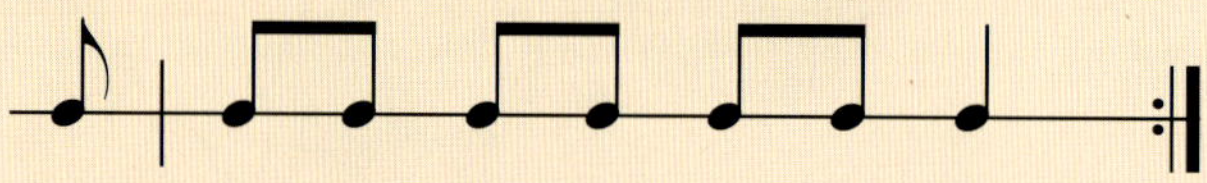	
Wir tan - zen un - sern Mor - gen - hit. den Po, die Bei - ne, Fü - ße auch.	*in den Hüften schwingen.* *Beide Hände trommeln auf die genannten Körperteile.*

Ar - me stre-cken, rauf und run - ter, wer - den da - bei rich - tig mun-ter.	*Arme mehrfach hoch- und runterstrecken.*
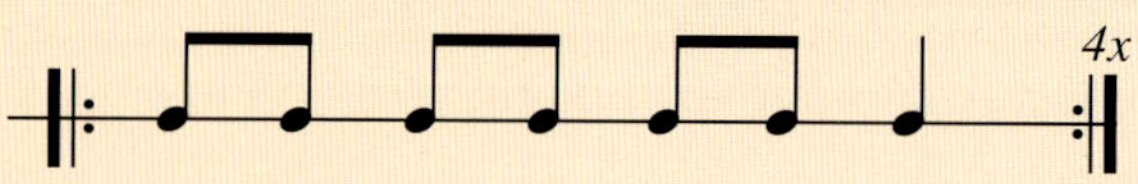	
Dann auch hin und wie - der her,	*Arme hin- und her-schwingen,*
ü - ber - kreuz, das ist nicht schwer,	*Arme kreuzen und aus-breiten.*
Ru - fen kräf - tig Hi, Ha, Ho,	*Silben überdeutlich arti-kulieren, zu Hi, Ha, Ho klatschen,*
lau - ter auch noch Pi, Pa, Po!	*zu Pi, Pa, Po auf den Po patschen.*

Hän - de rei - ben sanft und lei - se, en - den so auf stil - le Wei - se.	*Hände erst kräftig, dann immer sanfter reiben und zur Ruhe kommen.*

Kreis

- „Probieren“ Sie mit der Gruppe mehrfach hintereinander die Bewegungen aus, sodass diese vertraut werden. Unterstützen Sie die Aufmerksamkeit der Kinder durch Fragen, wie z. B.: „Könnt ihr einen kräftigen Trommelwirbel auf euren Bauch und anschließend auf euren Po machen? Wer kann dazu kräftig prusten?“ „Wie hoch und wie tief könnt ihr eure Arme strecken?“ „Wir rufen mit dunkler Stimme Hi, Ha, Ho. Dabei machen wir uns breit und groß wie ein Bär.“ „Zu Hi, Ha, Ho klatschen wir in die Hände und bei Pi, Pa, Po patschen wir auf unseren Po. Dann wird's noch lauter!“ Usw.
- Sprechen Sie nach dieser Vorbereitung nun ausdrucksvoll den Text und bewegen Sie sich gleichzeitig dazu. Die Kinder machen gleich mit. Orientieren Sie das Tempo und die Dynamik Ihrer Sprache am Bewegungsablauf der Gruppe. Versuchen Sie, mithilfe Ihres Sprachklangs einen Spannungsbogen zu erzeugen.
- Regen Sie die Kinder zum Sprechen und Lernen des Textes an, indem Sie das letzte Wort (oder auch mehrere Worte) jeder zweiten Zeile „vergessen“ und sich von den Kindern weiterhelfen lassen.
- Ist den Kindern der Morgenhit gut vertraut, machen Sie ihn an einem anderen Tag stumm vor. Lassen sie die Kinder raten, was Sie darstellen. Wahrscheinlich werden einige den Vers erinnern. Regen Sie die Gruppe an, den Text begleitend zu Ihren Bewegungen zu sprechen.
- Alle versuchen, den Text „pantomimisch zu sprechen“, d. h., sie artikulieren den Text nahezu lautlos, aber sehr deutlich und bewegen sich gleichzeitig dazu.
- Da der Morgenhit die Kinder wach machen möchte, ist der Sprechgesang und damit auch der Wechsel der Bewegungen verhältnismäßig schnell. Die Koordination von Text und Bewegung stellt in dem vorgegebenen Tempo für die Kinder eine Herausforderung dar. Von daher ist es eventuell notwendig, den Morgenhit erst ohne Musik vorzubereiten. Entscheiden Sie gemäß den Fähigkeiten der Gruppe, ab wann Sie die Musik nutzen (Track 1).
- Größere Anforderungen an die Gruppe stellt die Playbackfassung (Track 2), denn hier fällt die Orientierung durch den vorgegebenen Sprechgesang weg.

2. Baustein: Kuschel-Puscheltanz im Stuhlkreis

Der Tanz wird zunächst im Sitzen als Stuhlkreis vorgestellt und erst dann als Kreistanz durchgeführt. Das hat den Vorteil, dass die Kinder sich im Sitzen ruhiger verhalten und sich erst einmal auf den Text konzentrieren können. Der Vorschlag für die Bewegungen bleibt in beiden Fällen gleich.

Stuhlkreis

- Alle sitzen auf einem Stuhl im Kreis. Erzählen Sie von einem Kuscheltier, das gerne tanzt. Heute möchte es auf seinem Stuhl sitzend tanzen. Probieren Sie mit den Kindern aus, wohin ihre Füße wandern können, während sie auf dem Stuhl sitzen.
- Sprechen Sie den Text und bewegen Sie sich entsprechend. Die Kinder machen gleich mit.

Kuschel-Puscheltanz

Text	*Bewegungsvorschlag*

Und eins und zwei und drei und vier,	*4x klatschen,*

ich bin ein klei - nes Ku - schel - tier.	*beide Fäuste klopfen auf die Brust.*

Spiel' und tan - ze ger - ne mit,	*4 Schritte vor,*
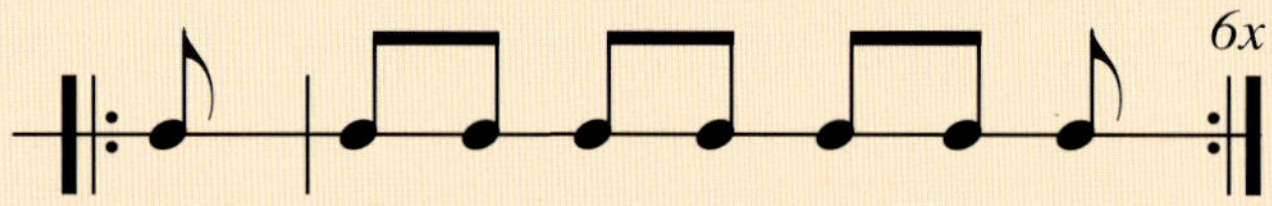 6x	
der Ku-schel-Pu-schel ist mein Hit!	*4 Schritte rück.*
Zur Sei - te auch, so macht es Spaß,	*2x Seitanstellschritt nach rechts,*
und dann zu-rück, da staunt ihr, was!	*2x Seitanstellschritt nach links.*
Nun vor, dann rück-und seit-wärts auch,	*Rechter Fuß vor, rück-, seittippen und zurückstellen,*
so ist es Ku-schel Pu-schel-brauch.	*linker Fuß dasselbe.*
Auch ein Bein hoch und rund - he - rum	*Ein Bein hochheben und in der Luft kreisen,*

fall' dann am En - de mü - de um! – Uff!	*Oberkörper auf die Oberschenkel (im Stand: zu Boden fallen).*

– *Variation:* Möchten Sie den Schluss etwas ruhiger gestalten, ändern Sie den Text, z. B.:

Auch ein Bein hoch und rundherum,	*Ein Bein hochheben und in der Luft kreisen,*
stell' es dann hin und rufe „Bum“!	*Fuß aufstellen.*

Kreis

– Ist den Kindern der Kuschel-Puscheltanz vom Text her bereits vertraut, können sie ihn als Kreistanz lernen. Selbstverständlich können Sie den Tanz auch sofort als Kreistanz anbieten.

- Alle sprechen den Text und bewegen sich dazu.
- *Variation:* Lassen Sie einzelne Worte weg, z.B. zuerst immer das letzte Wort jeder Zeile.
- *Variation:* Je sicherer die Kinder den Text und die Bewegungen beherrschen, desto mehr Worte werden weggelassen, bis alle den Text „stumm" sprechen und ausführen können.

3. Baustein: Der Teddybär
(Ein Fingerspiel von Elfriede Pausewang [1997, S. 12])

Der Teddybär

Text	***Bewegungsvorschlag***
„Ich hab einen Teddybär, ja, den lieb ich gar zu sehr.	*Die linke Hand bildet den Teddybären: Der Zeigefinger und der kleine Finger werden aufgestellt, die übrigen drei Fingerkuppen berühren sich.*
Wenn er morgens aufstehn muss, geb ich schnell ihm einen Kuss,	*Die drei zusammengelegten Finger bekommen einen Kuss.*
streichle ihm sein weiches Fell,	*Die rechte Hand streichelt zärtlich über den Handrücken der linken Hand.*
drücke ihn ans Herz ganz schnell,	*Die rechte Hand drückt die linke fest an den Körper.*
nehm ihn mit, wohin ich geh,	*Die rechte Hand umfasst das linke Handgelenk und macht leichte Gehbewegungen.*
zeig ihm alles, was ich seh,	*Der rechte gestreckte Arm macht eine weite Zeigebewegung von links nach rechts.*
spiel mit ihm von früh bis spät.	*Die rechte Hand umfasst wieder das linke Handgelenk und macht mit dem „Teddybären" Hüpf- und Drehbewegungen.*
Wenn er dann zu Bette geht, liegt die ganze Nacht er warm, still und weich in meinem Arm.	*Den linken Unterarm mit dem ‚Teddy' auf den rechten Unterarm auflegen und leichte Wiegebewegungen machen."*

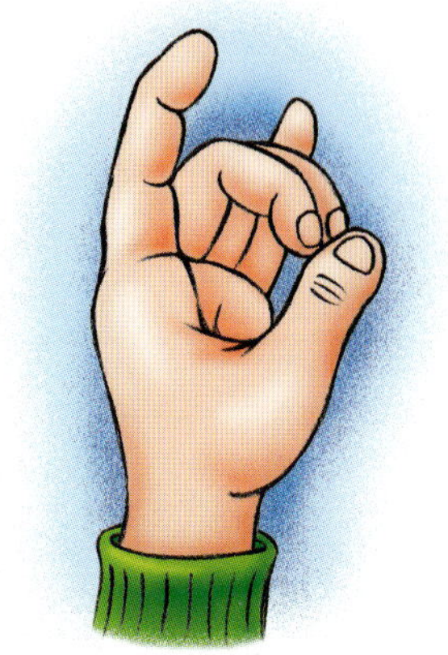

- Inszenieren Sie den Besuch des kleinen Teddybären der sich aus Ihrer linken Hand formt. Verstecken Sie z. B. Ihre linke Hand in einer Hosentasche, hinter Ihrem Rücken o. Ä.: „Heute besucht uns ein kleiner Teddybär. Wo ist er denn?" Endlich zeigt er sich, freut sich über die vielen Kinder usw.
- Sprechen Sie den Text langsam und ausdrucksvoll.
- Regen Sie die Kinder an, ihren eigenen „Teddybär" zu formen. Für viele Kinder wird es schwierig sein, die beschriebenen Fingerbewegungen auszuführen. Vereinfachen Sie diese, indem Sie z. B. Ihre Teddybärhand mit geschlossenen Fingern leicht gebeugt halten und spontan erzählen, was alle kleinen Teddybären gerade erleben, wie z. B.: „Die Teddybären sind so aufgeregt und strecken sich hoch nach oben, sodass sie gut um sich herumschauen können. Doch jetzt möchten sie wieder kuscheln. Sie schmiegen sich bei uns an." Die Kinder ahmen alle Bewegungen nach.
- Im weiteren Verlauf regen Sie die Kinder an, ihrem Teddybären zwei Ohren wachsen zu lassen. Probieren Sie mit ihnen die beschriebenen Bewegungsvorschläge aus.

4. Baustein: Sprechvers

Text	***Bewegungsvorschlag***
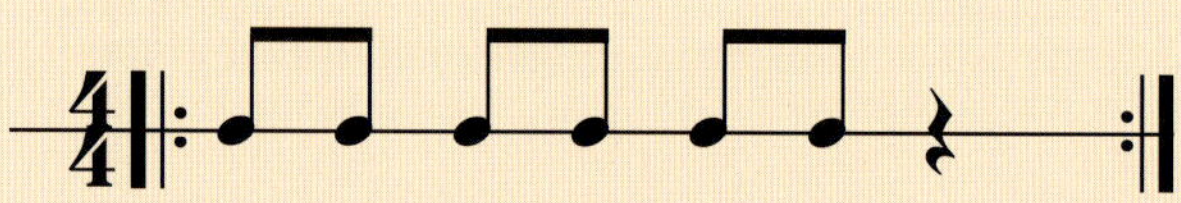	
Hat-schi, Kil - le, Kil - le,	*2x klatschen, sich am Körper kitzeln,*
Bat-schi, Kil - le, Kil - le,	*s. o.,*
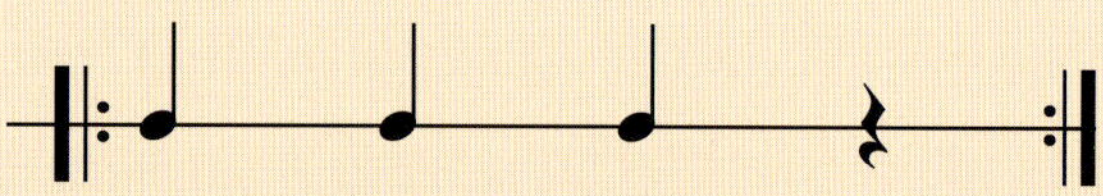	
Witsch, Watsch, Wutsch!	*Oberschenkel wischen,*
Ritsch, Ratsch, Futsch!	*Hände wischen aneinander, dann hinterm Rücken verstecken.*

Hinweis

Mehr schwingend und ohne Pausen lässt sich der Vers auch im ¾-Takt sprechen, dann fällt die Viertelpause jeweils weg.

Kreis

- Vermitteln Sie den Vers mit den Klanggesten durch Vor- und Nachmachen. Gegebenenfalls vereinfachen Sie die gestische Begleitung.
- Wiederholen Sie den Vers mehrfach und sprechen Sie ihn jedes Mal unterschiedlich, z. B. leise und plötzlich laut, allmählich lauter werdend, unhörbar leise mit sehr deutlicher Artikulation, sehr langsam und tief usw.

- *Variation:* Erfinden Sie mit den Kindern jedes Mal neue Reimworte für die letzte Zeile, z. B. Klitsch, Klatsch, Klutsch.

5. Baustein: Klatschen, klatschen
(Von Sommer, C., P. Linke und M. van Gemmeren, zitiert nach Berger u. a. 1999, 255)

Text	***Bewegungsvorschlag***
„Klatschen, klatschen,	*Auf jede Silbe klatschen (4 x),*
auf die Beine patschen.	*auf jede Silbe patschen,*
Stampfen wie ein Elefant,	*auf jede Silbe einen Stampfer,*
klatsch dann wieder in die Hand.	*1 x klatschen."*

Kreis

- Sprechen Sie den Vers mit den entsprechenden Klanggesten dazu. Die Kinder machen gleich mit.
- Sind Text und Bewegungsablauf vertraut, lassen Sie mit Ihren Worten den Besuch von Fantasiefiguren lebendig werden und regen damit die Vorstellungskraft der Kinder an, z. B. so: „Jetzt kommt ein großes Monster, das den Vers auch mal sprechen möchte. ‚Hallo Monster, wir machen alle mit dir mit.'" Alle sprechen den Vers mit den Gesten behäbig und tief in Monstersprache. Nachdem das Maximonster da war, möchte das Minimonster auch kommen. Es spricht etwas höher und kann die Bewegungen sehr geschickt ausführen.
- Weitere Besucher folgen, wie z. B. ein klitzekleiner Zwerg, ein „Wisperling", der alte „Fisselfutz" usw.
- Auch können Tiere kommen, wie das aufgeregte Huhn, der alte Bär, die oberschlaue Eule u. a.
- Besonders wichtig ist es, den Vers in „Fischesprache" zu üben. „Können wir die Sprache der Fische hören?" Natürlich nicht. Also probieren alle gemeinsam, den Vers überdeutlich und gleichzeitig lautlos zu artikulieren. Beim Wiederholen „begleiten" sich alle mit den Klanggesten, sodass man diese zwar deutlich sehen, aber (fast nicht) hören kann!
- Fragen Sie die Kinder nach weiteren Fantasiefiguren. Wie könnte deren Sprache klingen?
- *Variation:* Verändern Sie die letzte Zeile des Verses und setzen Sie diese mit der Gruppe um:

… „Stampfen wie ein Elefant, landen wir im Stand!	*Ein Sprung am Platz."*

- Dieser Vers bietet Ihnen zusätzlich die Möglichkeit, die Kinder in unterschiedlichen Situationen (z. B. draußen) „zu rufen" bzw. einzusammeln. Stellen Sie sich einfach hin und führen Sie den Vers aus. Viele Kinder werden nach und nach dazukommen und mitmachen. So kann dieser Vers eine Art „Geheimcode" werden.
- Sammeln oder Erfinden Sie weitere Verse.

Hinweis
Diese Übung verlangt von den Kindern nicht nur ein hohes Maß an Konzentration, sondern schult besonders ihre Fähigkeit, den Text innerlich zu denken und zu sprechen.

2.1.2 Bewegungsangebote mit Bällen

Bälle haben für Kinder einen starken Aufforderungscharakter. Sie regen ihre Bewegungslust an. Die runde Form ist ein Symbol der Ganzheit und wirkt daher integrierend. In der Rhythmik wird der Ball bewusst nicht sportbezogen eingesetzt.

In allen Themenfeldern finden Sie sowohl ruhige als auch vitale Übungen. Mit Tastspielen, wie im 1. Baustein, können Sie die Neugier und die Konzentration der Kinder wecken. Die Übungen der weiteren Bausteine stimulieren eher dynamische Bewegungsabläufe, sodass Sie den Spannungsbogen Ihres Angebotes an der jeweiligen Gruppensituation orientieren können.

■ Themenfeld: Kontaktaufnahme innerhalb der Gruppe mit einem Plüschball

In diesem Themenfeld dient der Plüschball als Mittel der Kontaktaufnahme innerhalb der Gruppe. Sein weiches Material und seine sanften, langsamen Eigenschaften unterstützen eine angstfreie Atmosphäre. Die Bausteine ermöglichen den Kindern, sich innerhalb der Gruppe zu orientieren und einander spielend kennenzulernen.

1. Baustein: Was mag das wohl sein?
Material: ein Plüschball von circa 20 cm Durchmesser und dazu ein Stoffbeutel in passender Größe

Sitzkreis am Boden

- Alle sitzen im Kreis am Boden. Geben Sie einen Beutel herum, in dem ein Plüschball ist. „Was mag das sein?" „Wie fühlt es sich an?"
- Geben Sie den Ball herum und regen Sie einen Austausch über Form, Farben, Material usw. an, wie z. B.: „Welche Farben hat der Ball?" „Wer von uns trägt heute auch rote (o. a.) Kleidung?" „Gibt es hier im Raum weitere runde Formen oder Kugeln?" (Eventuell Murmeln, Lampen, Reifen, Ringe, Steckdosen, unsere Köpfe usw.)

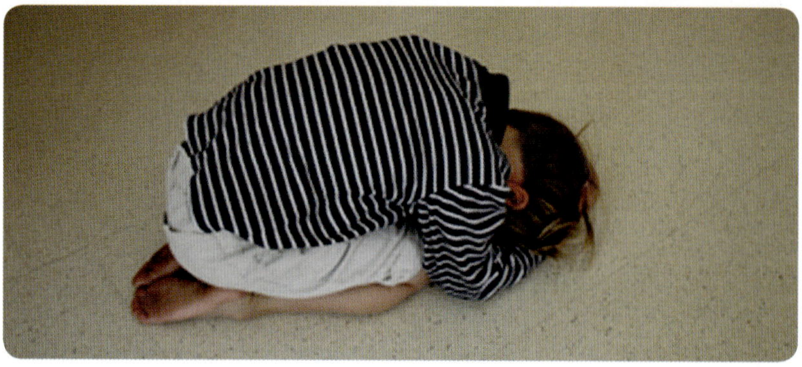

- „Könnt ihr euch auch so rund machen wie ein Ball?" Die Kinder probieren, ihren Körper im Sitzen, Hocken oder Knien zu runden. Beobachten Sie die verschiedenen Möglichkeiten und lassen Sie diese von allen nachmachen.
- *Variation:* „Könnt ihr mit den Fingern (den Händen, den Armen usw.) runde Formen/Kreise zeigen?"

2. Baustein: Wie heißt das nächste Kind?
Material: ein Plüschball

- Sprechen Sie folgenden Vers und rollen Sie den Ball einem Kind zu. Dies rollt ihn zurück.

Sitzkreis am Boden

Vers: Der Ball ist rund

Text	***Bewegungsvorschlag***
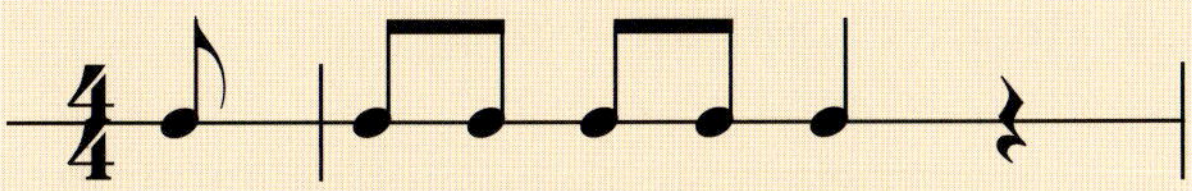 Der Ball ruht still bei mir,	*Ball am Platz zwischen beiden Händen halten.*
freirhythmisch: Hallo „(Name des Kindes)“	
 der Ball kommt nun zu dir.	*Ball zu dem genannten Kind rollen.*

- *Variation:* Erfinden Sie spontan eine einfache Melodie, mit der Sie den Vers singen.
- *Variation:* Die Kinder rollen sich untereinander den Ball zu. (Eventuell muss vorher noch der Name des jeweiligen Kindes in Erinnerung gerufen werden.)

3. Baustein: Hier geht's rund!
Material: ein Plüschball

- Der Ball wandert im Kreis herum. „Wie können wir ihn weitergeben?“ Die Kinder probieren verschiedene Möglichkeiten aus, z. B.: mit einer Hand, beiden Händen, den Füßen, rollend usw.
- Beobachten Sie die Kinder und greifen Sie Spielideen auf, die Sie gegebenenfalls variieren oder erweitern. Alle probieren diese aus, z. B.:
  - sitzen und dabei weitergeben oder -rollen,
  - rückwärts zur Mitte sitzend mit den Füßen weitergeben,
  - stehen und dabei nur mit einer Hand weitergeben,
  - beim Weitergeben auf einem Bein stehen,
  - im Stand durch ein „Tor“ (alle Kinder Beine gegrätscht) rollen,
  - aus dem Sitzen, den Ball mit beiden Händen haltend, aufstehen (ohne sich abzustützen) und ihn zu einem anderen Kind bringen usw.

Themenfeld: Wahrnehmungsspiele mit verschiedenen Bällen

Die Bausteine in diesem Themenfeld regen die Lust zur differenzierten Wahrnehmung an. Gleichzeitig können die Kinder miteinander spielend in Kontakt kommen.

1. Baustein: Hoppla, noch mehr Bälle!
Material: Ein Glockenball und diverse Bälle, die unterschiedlich groß und aus verschiedenen Materialien sind, z. B. große und kleine Schaumstoffbälle, Igelbälle, Tennis- und Tischtennisbälle, mindestens ein Glockenball; ein Stoffbeutel (so groß, dass alle Bälle hineinpassen, eventuell ein alter Kopfkissenbezug).

Sitzkreis am Boden

– Geben Sie einen Stoffbeutel mit verschiedenen Bällen und einem Glockenball darin herum. „Was könnte das sein?“ „Was hört ihr?“ „Fühlt es sich weich oder hart an?“ „Hat es Ecken?“ „Was könnten wir damit machen?“ Usw. Regen Sie durch Ihre Fragen die Vorstellungsfähigkeit und sprachliche Äußerung der Kinder an.
– Holen Sie nach und nach erst einen, dann allmählich immer mehr Bälle aus dem Beutel und rollen Sie diese in den Kreis. Die Kinder rollen sie sich gegenseitig zu. Alle achten darauf, die Bälle möglichst innerhalb des Kreises zu behalten. „Welcher Ball klingelt beim Rollen?“

– *Variation:* Die Kinder rollen die Bälle so in den Kreis, dass sich möglichst viele Bälle anstoßen.
– *Variation:* Alle versuchen ihren Ball so in den Kreis zu rollen, dass sie keinen anderen anstoßen.
– Die Kinder schließen ihre Augen oder legen sich auf ihren Bauch, sodass sie nichts sehen können. Gehen Sie (oder ein Kind) leise an einen anderen Ort im Raum und schütteln Sie den Beutel, in dem nur der Glockenball ist. Sind Sie (das Kind) zurück im Kreis, zeigen oder sagen alle, wo es im Raum geklingelt hat.

2. Baustein: Rolle hin und rolle her
Material: für jedes Kind ein Ball

- Sprechen Sie nachfolgenden Vers mit den Kindern und rollen Sie Ihren Ball entsprechend dazu:

Sitzkreis am Boden

Vers: Rolle hin und rolle her

Rolle hin und rolle her,

noch einmal, das ist nicht schwer.

Rund im Kreise weit herum

und dann auch noch andersrum.

- Die Kinder sprechen den Vers und rollen ihren eigenen Ball.

3. Baustein: Vergleichen und Sortieren
Material: verschiedene Bälle (s. o.) und eventuell einige Sportfliesen

- „Wie heißen die Bälle?" Die Kinder versuchen, die Bälle zu benennen: Tischtennisball, Schaumstoffball usw.
- Sortieren Sie mit den Kindern die Bälle nach Größe, Material, Farbe usw.: Z. B. legen alle die Bälle der Größe nach nebeneinander in eine Reihe oder sammeln die Bälle, die aus dem gleichen Material sind, auf einer Sportfliese oder einer ähnlich gekennzeichneten Stelle usw.

Frei im Raum

4. Baustein: Wer wird jetzt geweckt?
Material: ein Glockenball

- Alle rollen sich den Glockenball zu.
- Die Kinder sitzen mit ihrem Rücken zur Kreismitte. Dabei spüren und lauschen sie, ob der Ball zu ihnen gerollt kommt und an ihren Po stößt, dann greifen sie nach dem Ball und rollen ihn, ohne hinzuschauen, weiter.
- Die Kinder liegen auf dem Bauch und „schlafen". Ein Kind wird zum „Weckdienst" und klopft mit dem Glockenball sanft den Rücken eines „schlafenden" Kindes so lange ab, bis dieses „aufwacht" und sich aufrichtet. Nun wird dieses zum „Weckdienst" usw.
- *Variation:* Das „schlafende" Kind nennt einen Körperteil, den der „Weckdienst" so lange abklopft, bis es erwacht.

Sitzkreis am Boden

Aufgrund der persönlichen Beziehung zu ihren Kuscheltieren ist es sinnvoll, wenn die Kinder selbst eines mitbringen. Alle Übungen können aber auch mit anderen Kuscheltieren durchgeführt werden.

■ Themenfeld: Kommunikationsspiele mit Kuscheltieren

1. Baustein: Wer ist denn heute mitgekommen?
Material: Jedes Kind hat sein Kuscheltier dabei.

Sitzkreis am Boden

- Alle sitzen mit ihren Kuscheltieren im Kreis. Entdecken Sie mit den Kindern deren Gemeinsamkeiten und Unterschiede: „Welche Kuscheltiere können fliegen?" „Welche leben unter der Erde?" „Welche sind bunt, welche einfarbig?" „Welche sind groß, welche klein?" Usw.

2. Baustein: Begrüßung mit Musik
Material: für jedes Kind ein Kuscheltier

Frei im Raum

Medien: CD-Musik zum Stopptanzen, z. B. aus „Djingalla"

- Die Kinder tanzen (gehen, laufen oder hüpfen) mit den Kuscheltieren zur Musik. Bei Musikstopp begrüßen sich alle Kuscheltiere, indem sie einander die Nasen stupsen oder miteinander kuscheln. „Können sie dabei auch in ihrer Sprache sprechen?"

- *Variation:* Es finden sich immer nur zwei (drei oder mehr) Kuscheltiere, die sich begrüßen.
- *Variation:* Alle bewegen sich rückwärts zur Musik.
- *Variation:* Die Kuscheltiere möchten sich selbst zur Musik vor- oder rückbewegen.
- *Variation:* Die Kuscheltiere sind müde und möchten zur Musik huckepack im Raum reiten.
- *Variation:* Jetzt möchten sie auf den Köpfen der Kinder sitzen oder stehen.

3. Baustein: Kuscheltiere bewegen sich gern
Material: für jedes Kind ein Kuscheltier

Frei im Raum

- Die Kuscheltiere möchten turnen. „Wie können wir eine Brücke oder einen Tunnel mit unserem Körper bauen?“ Die Kinder zeigen ihre Lösungen. Wahrscheinlich lassen sie die Kuscheltiere sich im Hocksitz unter den Knien hindurch-, im Grätschstand um ihre Füße herum-, in der Rückenlage unter dem gehobenen Po hindurchbewegen u. a.
- „Können wir gemeinsam ein großes Turngerät bauen?“ Formen Sie dies mit zwei oder drei Kindern. Die anderen lassen ihre Kuscheltiere darauf rutschen, klettern, hangeln, balancieren usw.
- *Variation:* Einige verharren gemeinsam in weiteren Fantasiepositionen und die übrigen Kinder lassen ihre Kuscheltiere darauf turnen. „Die Kuscheltiere sind sehr geschickt und mögen es gerne, sich auf oder unter Hindernissen zu bewegen.“

Themenfeld: Spiele zur Identifikation mit Kuscheltieren

1. Baustein: Und was machen die Kuscheltiere sonst noch gern?
Material: für jedes Kind ein Kuscheltier

Frei im Raum

- Entwickeln Sie mit den Ideen der Kinder spielerische Übungen.
  Beispiele
  - *Manche Kuscheltiere reiten gern: Einige Kinder werden zu Pferden (Bankstellung) und die Kuscheltiere legen oder setzen sich auf deren Rücken. Die Pferde traben so vorsichtig, dass kein Reiter hinunterfällt. Die übrigen Kinder geben den Kuscheltieren Hilfestellung.*
  - *Die Kuscheltiere möchten schaukeln. Im Stand schwingen die Kinder ihre Kuscheltiere weit ausladend hin- und her oder im Grätschstand hoch und tief.*
  - *„Können wir uns mit den Kuscheltieren wie im Karussell drehen?“ (Z.B. im Sitz mit dem Kuscheltier zwischen den Füßen, im Stand, in der Bauchlage usw.)*

- Erfinden Sie weitere Übungen mit den Kindern. Der Fantasie und Bewegungsfreude sind keine Grenzen gesetzt.

2. Baustein: Unser Kuscheltier braucht ein Nest
Material: für jedes Kind ein Kuscheltier

Kreis

- „Nach so vielen aufregenden Erlebnissen möchten die Kuscheltiere sich in ihrem Haus oder Nest ausruhen.“ Alle bilden mit ihrem Körper ein „Haus“ oder „Nest“, in dem sich das Kuscheltier wohlfühlt. Die Kinder erfinden eigene „Bauweisen“ und probieren die der anderen aus. Sie entwickeln dabei häufig viel Fantasie.
- Die Kuscheltiere verstecken sich unter den aufgestellten Beinen (Hocksitz). Manche möchten aus dem Fenster oder Tor schauen. Sprechen Sie mit der Gruppe folgenden Vers:

Vers: Unser liebes Kuscheltier

„Unser liebes Kuscheltier sucht sich jetzt ein Tor,

hallo liebes Kuscheltier, komm doch mal hervor!“

- Die Kuscheltiere suchen immer wieder neue Plätze, die sie ausprobieren, z. B.: seitlich „die Treppe hinauf“ hoch oben „auf das Dach“ (am Körper krabbelnd zum Kopf), durch den „Geheimgang im Keller“ hinter das Haus (unter dem Po durch, hinter den Rücken), „nach vorne auf den Balkon“ (nach vorn auf den Knien) u. a.

3. Baustein: Ein Kuscheltier kommt zu Besuch
Material: für jedes Kind ein Kuscheltier, zusätzlich einige Kuscheltiere als Besuch, ein Stoffbeutel

Kreis

- Holen Sie ein (eventuell besonders kleines) Kuscheltier aus seinem Versteck. „Es ist etwas ängstlich und hatte sich erst mal verkrochen. Jetzt kommt es dazu und möchte mitspielen. Es ist noch etwas scheu, weil es euch nicht kennt.“ Alle begrüßen den Gast behutsam und sanft.
- Unser Kuscheltierbesuch darf sich ein Spiel wünschen, z. B. möchte es (mit den Füßen) in die Luft geworfen und (den Händen) gefangen werden oder zur Musik tanzen usw.
- Dieser Besuch motiviert die Gruppe zum Erinnern und Wiederholen einzelner Übungsspiele. Falls notwendig, geben Sie Hilfen.

4. Baustein: Wo sind wir gelandet?
Material: für jedes Kind ein Kuscheltier
Medien: eine CD mit geeigneter Musik zum Sichbewegen

Frei im Raum

- Heute möchten die Kuscheltiere den Gruppenraum kennenlernen: Sie tanzen (z. B. laufen, fliegen, krabbeln) zur Musik im Raum und entdecken bei Musikstopp einen schönen Platz zum Ausruhen (Fensterbank, Regal, Türklinke u. a.). „Wo ist Lucys Kuscheltier gelandet?“ Die Kinder nennen den jeweiligen Gegenstand.

- *Variation:* Klären Sie mit den Kindern, aus welchen Materialien z.B. die Türen, Fenster, Wände, Möbel u.a. Gegenstände im Raum sind. Bei Musikstopp suchen sich alle einen Platz, der z.B. aus Holz ist.
- *Variation:* Bei Musikstopp suchen sich die Kuscheltiere einen Platz, der hoch oben ist. Z.B. klettern sie an einem Schrank oder anderem Gegenstand hoch, sodass die Kinder sich so hoch wie möglich strecken müssen. „Die Kuscheltiere möchten immer noch höher klettern."
- Entwickeln Sie weitere Ideen.

2.1.4 Bewegungsangebote mit Kissen

Kinder erleben weiche Kissen, ähnlich wie den Plüschball und die Kuscheltiere, als angenehm. Gleichzeitig wecken sie bei ihnen Bewegungsfreude und Fantasie. Mit Kissen können sowohl sanfte und ruhige als auch kraftvoll-vitale Aufgaben durchgeführt werden. Sie sind besonders gut geeignet, den konstruktiven Umgang mit Aggression zu üben.

■ Themenfeld: Experimentier- und Übungsspiele mit Kissen

Ähnlich wie in den Bewegungsangeboten mit Bällen ertasten die Kinder im 1. Baustein das Material. Tastspiele sind wie alle Wahrnehmungsübungen bedeutsam für die Entwicklung von Kindern. Neben der sensorischen Stimulation bieten Tastübungen gleichzeitig die Möglichkeit, den Spannungsverlauf eines Angebotes im Wechsel von Ruhe und Bewegung zu gestalten.

1. Baustein: Was verbirgt sich unter dem Tuch?
Material: für jedes Kind ein Kissen (maximal 40 x 40 cm) und ein Tuch (evtl. Bettlaken o.Ä.) zum Abdecken aller Kissen; dies sollte so groß sein, dass Sie es zum Befestigen am Rand unter alle Kissen schieben oder sogar darunter verknoten können.

Kreis

- In der Kreismitte liegt, verdeckt unter einem großen Tuch, für jedes Kind ein Kissen. „Was mag darunter sein?" Lassen Sie die Kinder den Kissenberg ertasten. Mit einem Zauberspruch können Sie die dafür notwendige Ruhe und Konzentration wachrufen.

Vers: Zauberspruch

Text	***Vorschlag zur Umsetzung***
 „Ho - kus Po - kus Sau - so - mo - kus,	*Kräftig mit beschwörenden Armgesten sprechen,*
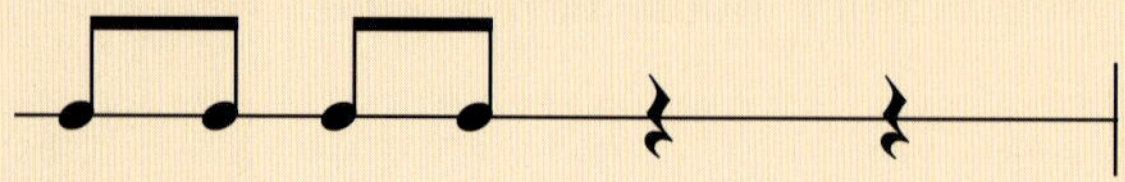 Sau - so - mo - kus –	*flüstern, in der Pause mit Finger auf dem Mund verharren.*
 Ho - kus Po - kus Sau - so - mill,	*S. o.,*
 Sau - so - mill,	*s. o.*
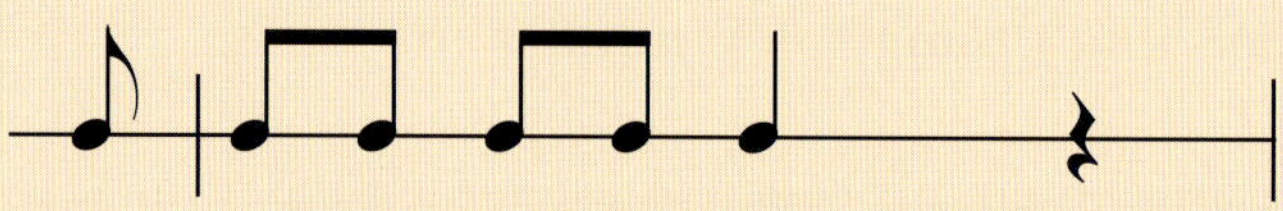 wir sit - zen al - le still!	*Kräftig sprechen,*
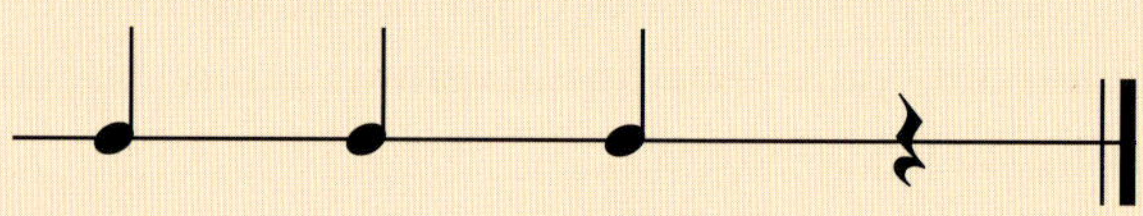 Sti-, Sta-, Still!“	*akzentuiert flüstern.*
„Hokus Pokus Sausomokus,	*S. o.*
Sausomokus –	
Hokus Pokus Sausomein,	
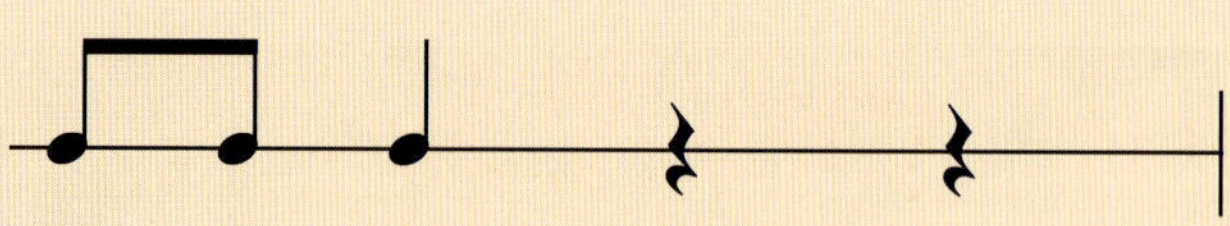 Sau - so - mein,	
 was mag das wohl sein?	
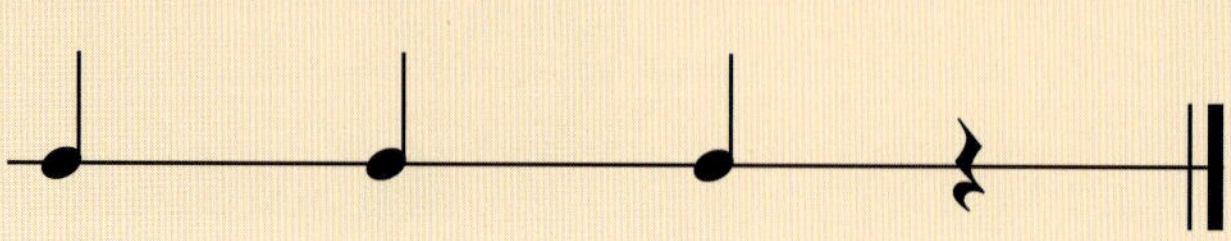 Si-, Sa-, Sein!“	

- Die Kinder (eventuell nacheinander und immer nur einige) ertasten den Kissenberg. Wahrscheinlich drücken sie ihn, legen sich auf ihn oder trommeln mit Händen und Füßen darauf herum. Verabreden Sie mit den Kindern, wie sie den Berg ertasten, z.B. mit den Händen oder Füßen, sodass das Tuch nicht wegrutschen kann. Tauschen Sie sich über die Erfahrungen der Kinder aus: „Wie fühlt sich das an? Was mag das sein?“ Usw.
- Das Geheimnis wird gelüftet. „Wie kann jeder ein Kissen nehmen, ohne die Hände zu benutzen?“ Nacheinander holt sich jedes Kind (oder immer nur jeweils einige) ein Kissen. Regen Sie die Gruppe an, unterschiedliche Möglichkeiten zu finden, wie z.B. ein Kissen mit dem Fuß, der Stirn oder anderen Körperteilen zu sich zu ziehen oder zu schieben, zwischen die Ellenbogen oder die Knie zu klemmen usw.
- Alle beobachten die verschiedenen Ideen. Lenken Sie dabei die Aufmerksamkeit der Kinder durch Fragen, wie z.B. „Wie holt sich Lotta das Kissen?“, „Womit nimmt (greift, hält) Jonas sein Kissen?“.

2. Baustein: Spielformen zur Geschicklichkeit und Koordination mit Kissen
Material: für jedes Kind ein Kissen, Gymnastikreifen o.Ä. als Tor, Klebeband (Tesakrepp) zur Platzmarkierung

Frei im Raum

- „Was können wir mit den Kissen machen? Wie können wir uns damit bewegen?“ Sind alle Kissen verteilt, werden die Kinder spontan damit experimentieren und viele „Kunststücke“ ausprobieren.
- Beobachten Sie die Gruppe, um nach einer Weile aus den Spielideen Übungen zu entwickeln. Wahrscheinlich werden die Kinder mit den Kissen rutschen, sie balancieren, werfen und fangen usw.

Beispiele zum Transportieren eines Kissens

- *„Wie könnt ihr euer Kissen tragen?“ Die Kissen können mit verschiedenen Körperteilen transportiert werden: Z.B. zwischen den Knien, Füßen, Händen, Armen, Ellenbogen, auf dem Kopf, dem Nacken, einer Hand, einem Arm usw.*
- *„Wie könnt ihr euch dabei bewegen?“ Die Kinder finden verschiedene Fortbewegungsarten beim Transportieren, z.B. im Gehen, Krabbeln usw.*
- *Entdecken Sie mit der Gruppe unterschiedliche Körperhaltungen, um das Kissen zu transportieren, z.B. aufrecht im Gehen, in der Rückenlage, der Bauchlage, der Bankstellung usw.*

Hinweis

Geben Sie eventuell die Raumrichtung vor, um Zusammenstöße zu vermeiden.

Beispiele zum Rutschen mit dem Kissen

- *„Wie können wir mit dem Kissen rutschen?" Z.B. darauf stehend, mit einem Bein oder zwei Beinen, darauf kniend, mit dem Po darauf sitzend, mit dem Rücken darauf liegend usw.*
- *Regen Sie die Kinder an, vor-, rück- oder seitwärts zu rutschen und sich auf dem Kissen sitzend zu drehen (Sitzkarussell) usw.*

Beispiele zum Werfen

- *„Einige von euch haben ihr Kissen mit einer Hand in die Luft geworfen. Könnt ihr das auch mit beiden Händen?" „Könnt ihr das Kissen auch anders werfen?" Z.B. im Sitzen, mit beiden Füßen, auf einen Fuß oder einen Handrücken legen und hochwerfen, schwungvoll den Rücken abrollen und das Kissen dabei zwischen beiden Füßen haltend hinter den Kopf werfen usw.*
- *Legen Sie einen Reifen oder anderen Gegenstand auf den Boden, in den alle ihr Kissen zu werfen versuchen. Zunächst stehen alle relativ dicht um den Reifen. Bei weiteren Versuchen entfernen sich die Kinder (falls möglich) jedes Mal etwas mehr.*
- *Die Kinder werfen alle gleichzeitig ihr Kissen in den Reifen und rufen gemeinsam dazu: „Und weg!" Dies hilft ihnen, sich in einen gemeinsamen Rhythmus zu schwingen.*
- *Die Kinder werfen nacheinander so schnell wie möglich ihr Kissen in den Reifen.*
- *Alle werfen ihr Kissen durch ein „Tor", z.B. senkrecht gehaltener Reifen o.Ä.*

Beispiele zum Fangen

- *„Könnt ihr das Kissen auch wieder auffangen?" Geben Sie Hilfen, wie z.B.: „Werft das Kissen nur so hoch, dass ihr es schnell wieder fangen könnt." „Wir werfen es nur bis zur Nase." „Es fliegt jetzt über unseren Kopf." Usw.*
- *Weitere Beispiele zum Fangen: Das Kissen mit einer Hand hochwerfen und mit der anderen fangen, mit den Füßen werfen und mit den Händen fangen usw.*

Beispiele zum Schießen

- *Das Kissen kann im Sitzen, Stehen oder mit Anlauf geschossen werden. Legen Sie vorher die Richtung fest.*
- *Die Kinder schießen ihr Kissen durch ein „Tor", z.B. senkrecht gehaltener Reifen o.Ä.*

3. Baustein: Wir machen eine Kissenschlacht

Eine Kissenschlacht ermöglicht vitalen Ausdruck. Dieser kann durch entsprechende Aufgaben differenziert werden. Vorab vereinbaren alle Spielregeln, wie z.B. nicht an den Kopf werfen usw.

Material: für jedes Kind ein Kissen, Matten, Klebeband (Tesakrepp) o.Ä. zum Kennzeichnen von „Inseln"

Medien: CD für den Stopptanz, z.B. „Carnavaleto", Nr. 2, *Nojento*

Instrumente: eine Trommel

Frei im Raum

- Die Kinder laufen durch den Raum und bewerfen sich mit den Kissen.
- Zur CD-Musik gehen alle im (ruhigen) Tempo durch den Raum und halten dabei ihr Kissen mit den Händen. Bei Musikstopp bewerfen sich die Kinder mit den Kissen und sammeln diese bei Einsatz der Musik ein usw.
- *Variation:* Erklingt die Musik, gehen alle frei im Raum und balancieren ihr Kissen, z.B. auf dem Kopf.
- *Variation:* Statt in der Musikpause zu werfen, klopfen die Kinder mit den Kissen auf den Po der anderen.
- Im Raum ist für jeweils die halbe Gruppe ein Platz, z.B. mit Matten, als „Insel" gekennzeichnet. Die Halbgruppen bewerfen sich und versuchen dabei gleichzeitig, viele Kissen zu fangen. Das Spiel ist beendet, wenn alle Kissen auf dem „Meer" treiben.
- Die Gruppe erfindet weitere Spielformen und verabredet die dafür notwendigen Spielregeln.

Themenfeld: Spielszenen und Geschichten mit Kissen

Geschichten, Spielszenen, Verse und Sprüche wecken die Fantasie und Spielfreude von Kindern. Sie aktivieren ihre Gefühlswelt und Vorstellungskraft. Ähnlich wie Rollenspiele können sie Kindern bei der Entwicklung ihrer Identität helfen.

Darüber hinaus bieten Verse und kleine Sprüche aufgrund ihrer Form und ihres

Sprachrhythmus die Möglichkeit, Bewegungsabläufe und Übungen in kindgemäßer Weise zu strukturieren.

1. Baustein: Wir bauen einen Kissenfreund

Ein Kissenfreund kann ähnlich wie ein Kuscheltier oder eine Handpuppe erlebt werden. Gleichzeitig weckt er die Fantasie und Spielfreude von Kindern.

Material: für jedes Kind ein (altes) Kissen, Kordeln, Gummibänder, Wollreste, evtl. auch Papprollen von Toiletten- oder Haushaltspapier, zerschnittene Eierkartons, leere Joghurtbecher und Knöpfe

- Verwandeln Sie mit den Kindern die Kissen in fantasievolle Gestalten. Formen Sie mit Kordeln, Gummibändern und Wollresten Ohren, Nase und Taille. Mit den anderen Materialien können Sie den Kindern helfen, ungewöhnliche Nasen und Augen zu gestalten. Hier kann sich die Fantasie der Kinder entfalten.
- Die Kissengefährten bekommen einen Namen. Sie können ähnlich wie die Kuscheltiere mittanzen, einander besuchen, miteinander reden und vieles mehr.

- Erfinden Sie mit den Kindern eine Kissenfreundgeschichte, die alle gemeinsam mit den Kissenfreunden in Bewegung umsetzen.
- Manche Kissenfreunde zaubern gern usw.

2. Baustein: Bewegungsgeschichte mit Kissen

Material: für jedes Kind ein Kissen oder ein Kissenfreund

Frei im Raum

- Erzählen Sie nachfolgende Geschichte. Bewegen Sie sich mit der Gruppe und erfinden Sie Geräusche dazu. Die Bewegungen und Geräusche sind im Text kursiv und fett gekennzeichnet. Sie können die Geschichte kürzen oder beliebig abwandeln. Orientieren Sie den Umfang und Ablauf an dem Alter und der Ausdauer der Kinder.

Abenteuer im Kissenschloss

Ich bin einmal in einem dunklen Wald ***spazieren gegangen***. Die Bäume standen so dicht, dass ich ganz wenig sehen konnte. Immer, wenn es mir zu unheimlich wurde, ***drückte ich mein Kissen fester*** an mich.

Endlich lichtete sich der Wald. Es wurde heller. In der Ferne sah ich eine weite Wiese, auf der ein großes Schloss stand.

Vorsichtig näherte ich mich diesem, ***schlich einmal herum, bestaunte*** ehrfurchtsvoll die dicken Mauern und den hohen Turm. Plötzlich ***stand*** ich vor der Schlosstür, ***zögerte*** etwas, ***wagte*** mich dann aber ***hinein***.

Der erste Raum war sehr niedrig, sodass ich mir mein ***Kissen auf den Rücken legen und krabbeln*** musste.
Dann kam ich in einen hohen Raum. Doch der war so schmal, dass ich das Kissen ***zwischen meine Knie klemmen*** und meine ***Arme weit vorziehen*** musste, um nicht so breit zu sein.

Der Nächste war so kalt, dass ich meine nackten Füße nicht auf den Boden setzen konnte. So ***stellte*** ich mich ***auf mein Kissen*** und ***rutschte vorwärts*** in den nächsten Raum.
Ich war froh zu sehen, dass der Raum hoch, hell und warm war. Doch ***beim Laufen*** merkte ich schnell, dass viele kleine Insekten um mich herumschwirrten und mich stechen wollten. Ich ***hielt mein Kissen mit beiden Händen fest*** und ***schlug beim Gehen*** um mich. Kein Mosquito hat mich gestochen!
Bald sah ich einen riesigen Raum, ***rannte hinein, schmiss gleichzeitig mein Kissen hoch in die Luft und versuchte es zu fangen***. Das hat Spaß gemacht!
Zuletzt erreichte ich die Treppe zum Turm des Schlosses und ***kletterte vorsichtig*** die morschen Stufen hinauf.
Endlich gelangte ich in den Turm.

Oh, ich ***blieb*** vor Schreck ***stehen***. Der Raum war voller Spinnweben und aus allen Ecken drangen eigenartige ***Geräusche*** auf mich ein: ***Kichern, Quieken, Pochen, Trampeln, Knarren, Gluckern, Wischen, Kratzen!***
„Was mochte das sein? Ein Gespenst? Aber es war mitten am Tag und draußen schien die Sonne! Nein, vielleicht ein alter Schlossgeist, der seinen Spaß mit mir treiben und mich ängstigen wollte?“ Mein *Herz schlug* mir bis zum Halse.
Ich nahm allen Mut zusammen, ***stellte*** **mich** ***breitbeinig hin, stampfte mit den Füßen und schrie: „Weg mit euch!“ „Haut jetzt ab!“*** Niemand antwortete. Ich versuchte es ***noch einmal*** und ***rief: „Weg mit euch!“ Gleichzeitig stampfte ich kräftig*** auf den Boden. Kein Laut war zu hören.
Ich ***lauschte*** noch eine Weile in die Stille. Das ***Rauschen*** der Bäume im Wind, ***zwitschernde Vögel*** und mein ***pochendes Herz*** konnte ich hören, mehr nicht!
„Geschafft!“ Ich ***seufzte erleichtert***.
Langsam schlenderte ich in dem Turm herum.

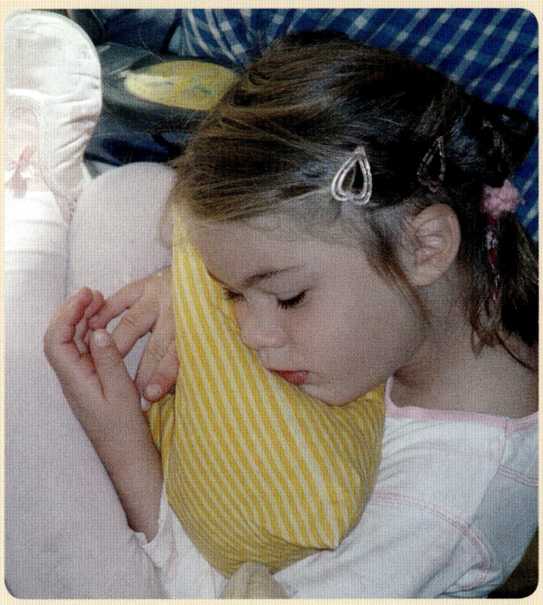

Ich wurde müde, machte es mir ***am Boden gemütlich*** und ***kuschelte*** mich an mein ***Kissen***.
Bald hörte ich ein **zartes Flüstern**. Das Kissen raunte mir ins Ohr: „Dies ist ein Zauberschloss. Jeder, der es schafft, durch alle Räume des Schlosses in diesen Turm zu kommen, darf sich mit einem Zauberspruch etwas wünschen. – Rufe einen Zauberspruch!“
Das gefiel mir. Oh, wie gern wollte ich von einem Heißluftballon abgeholt werden!
Ich ***sprang auf und rief*** laut:

Siehe Seite 46

„Ho - kus Po - kus Sau - so - mo - kus,	*Kräftig mit beschwörenden Armgesten sprechen,*
Sau - so - mo - kus –	*flüstern, in der Pause mit Finger auf dem Mund verharren.*
Ho - kus Po - kus Sau - so - mon,	*S. o.,*
Sau - so - mon,	*s. o.*
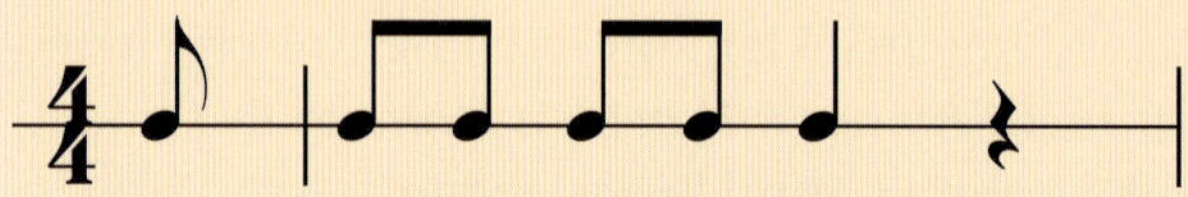 ich schwe-be im Bal-lon!	*Kräftig sprechen,*
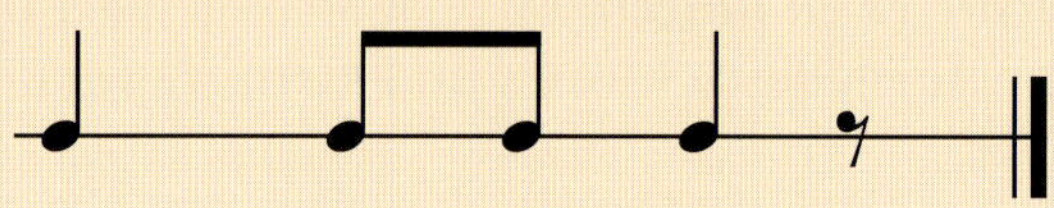 Bi-, Ba-, Bal - lon!“	*akzentuiert rufen.*

Blitzschnell kam ein großer Heißluftballon, an dem ein Korb hing. Ich ***stieg hinein***, ***kuschelte mich in mein Kissen*** und ***schwebte*** davon.
Ich sah die Welt von oben: Wälder, Flüsse, grüne Wiesen mit Kühen, Straßen mit fahrenden Autos. Sie sahen wie Streichholzschachteln aus. Bald kam eine Stadt. Da ***entdeckte*** ich ganz weit unten mein Haus und ***rief***:

„Ho - kus Po - kus Sau - so - mo - kus,	*S. o.*
Sau - so - mo - kus –	
Ho - kus Po - kus Sau - so - maus,	
Sau - so - maus,	
ich glei - te in mein Haus!	
Hi-, Ha-, Haus!“	

Der Ballon brachte mich sofort nach unten direkt vor meine Haustür.
Schnell ***hüpfte*** ich mit meinem Kissen ins Haus.

2.1.5 Zum Ausklang

■ **Themenfeld: Mein Körper – Bewegungsspaß als Teddybär**

1. Baustein: Wisst ihr, was mein Teddy macht (aus: „Unser Musikspielbuch“, MUK 1, S. 17)
Medien: CD „Unser Musikspielbuch“, MUK 1, CD 1, Nr. 8

Stuhlkreis

– Erzählen Sie von einem Tanzbären. „Wie mag der Bär wohl tanzen oder sich bewegen?“ Die Kinder zeigen ihre Ideen und imitieren einander, z. B. tapsen die Bären (Hände dabei auf den Oberschenkeln), klettern, suchen sich gern einen Freund, beide begrüßen einander und tapsen hintereinander her usw. „Was essen Bären besonders gern?“ Honig schnuppern, schlecken, mit der Zunge um den Mund lecken usw.

Wisst ihr, was mein Teddy macht

Text und Melodie: Ortfried Pörsel; © Fidula Verlag, Boppard/Rhein

2. Dann holt er das Auto raus,
fährt davon mit Saus und Braus.
Nach einer Weile
voller Eile
hält er an vor einem Haus.
3. Dort wohnt – das weiß ich genau –
Molly, seine Teddy-Frau.
Mit ihr tanzt er,
mit ihr franzt er
auf dem Fest in Blumenau.
4. Beide drehen sich ganz schnell
auf dem Teddy-Karussell.
Er kauft Molly
einen Lolly,
aber langsam wird es hell.
5. Da vergeht das Teddy-Glück.
Er kommt schnell zu mir zurück,
setzt sich locker
auf den Hocker,
träumt von Molly und dem Glück.
6. Schaut er mich am Morgen dann
mit so treuen Augen an,
sag ich „Eddy,
lieber Teddy,
wie man das nur machen kann."

- Vermitteln Sie den Kindern den Text der ersten Strophe entweder sofort mit der Musik oder als Sprechvers. „Welche Bewegungen passen zu dem Text?"
- Singen Sie jetzt das ganze Lied. Die Kinder hören zu und lernen dadurch allmählich den Text. Schon bekannte Textstellen singen die Kinder mit. Im Nachspiel stellen die Kinder den Text der jeweiligen Strophe mit Bewegungen dar.
- Alle singen das Lied und stellen den Text dar.

2. Baustein: Bärenboogie/Teddytanz (nach einer Idee von Hannes Hepp)
Medien: CD „Kindertänze, Tanzspiele, Bewegungsmusiken", Nr. 8, *Boogie Time* oder langsameres Stück

In diesem Stuhltanz improvisieren Sie spontan Bewegungen, die die Kinder sofort mitmachen. Dies gibt Ihnen die Möglichkeit, sowohl vertraute als auch für die Gruppe ungewohnte Bewegungsmuster zu vermitteln. Sollten Sie beobachten, dass manche Kinder immer wieder Probleme haben, bestimmte Bewegungsformen auszuführen, können Sie diese auch gesondert einbringen und spielerisch mit der Gruppe üben.

Stuhlkreis

- Tanzen Sie mit den Kindern als Teddybären/Bären zur CD-Musik am Platz (Sitztanz). Improvisieren Sie spontan Bewegungen auf dem Stuhl, die sich am Rhythmus der Musik orientieren.

Beispiele für einen Stuhltanz

- *Der Kopf dreht in verschiedene Richtungen (z.B. 4x nach rechts und links im Wechsel).*
- *Die Hände patschen jeweils 4x auf Kopf, Schultern, Bauch, Knie oder Füße.*
- *Die Hände überkreuzen 4x die Körpermitte usw.*
- *Die Beine 4x strecken und wieder beugen.*
- *Die Beine 4x grätschen und gestreckt kreuzen.*
- *4x aufstehen und hinsetzen.*
- *Mit beiden Armen mal links, mal rechts von den Oberschenkeln „tauchen" usw.*

– Alle Beispiele und die zusätzlich entwickelten Ideen können beliebig oft wiederholt werden. Orientieren Sie sich dabei am Lernprozess der Gruppe. Regelmäßige Wiederholungen (z.B. jede Bewegung 4x ausführen) geben dem Tanz Struktur und Form.

– *Variation:* Der Tanz kann auch in einem Sitzkreis durchgeführt werden.

■ Themenfeld: Bewegte Ruhe mit Kuscheltieren und Kissen

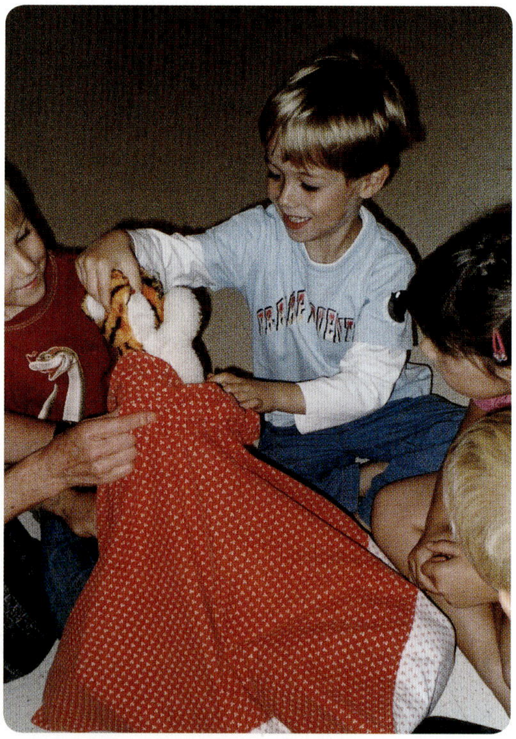

1. Baustein: Wo ist mein Kuscheltier?
Material: für jedes Kind ein Kuscheltier, zusätzlich einige Kuscheltiere zu Besuch, ein großes Tuch zum Abdecken und Stoffbeutel zum Verstecken einiger Kuscheltiere

Kreis

– Alle Kuscheltiere ruhen sich auf einer Decke oder Matte aus. Einige möchten miteinander kuscheln, andere lieber allein liegen oder sitzen. Die Kinder halten sich die Augen zu oder drehen sich um, sodass sie nichts sehen können. Vertauschen Sie derweil die Plätze von zwei Kuscheltieren. „Was hat sich verändert?"
– *Variation:* Entfernen Sie ein oder mehrere Kuscheltiere und legen Sie diese außer Sichtweite. „Wessen Kuscheltiere haben sich verkrochen?"
– *Variation:* Ein oder mehrere Kuscheltiere kommen dazu. „Wer ist zu Besuch gekommen?"
– Einige Kuscheltiere haben sich unter einem großen Tuch oder in einem großen Beutel versteckt. Die Kinder versuchen zu ertasten, ob ihr Kuscheltier dabei ist.

– *Variation:* Alle Kuscheltiere sind außer Sichtweite. Nur ein Kuscheltier ist in einen Beutel gekrochen. Die Kinder geben diesen herum und versuchen zu ertasten, welches Kuscheltier darin ist. „Ist es eine Katze, ein Hund, ein Elefant usw.?" „Wem gehört es?"

2. Baustein: Sich von Kissen befreien und ausruhen mit Kissen
Material: mindestens ein Kissen für jedes Kind

- Einige Kinder liegen am Boden und werden von anderen mit Kissen zugedeckt. Die liegenden Kinder befreien sich, ohne ihre Hände und Arme einzusetzen.
- Alle ruhen sich auf oder unter den Kissen aus oder schmiegen es an sich.

Frei im Raum

■ Themenfeld: Mein Körper – Zauberspaß mit Sprüchen

1. Baustein: Hokus Pokus Sausomokus

- Erinnern Sie folgenden Zauberspruch mit den Kindern:

Kreis

Siehe Seite 46

„Ho - kus Po - kus Sau - so - mo - kus,	*Kräftig mit beschwörenden Armgesten sprechen,*
Sau - so - mo - kus –	*flüstern, in der Pause mit Finger auf dem Mund verharren.*
Ho - kus Po - kus Sau - so - mill,	*S. o.,*
Sau - so - mill,	*s. o.*
wir sit - zen al - le still!	*Kräftig sprechen,*
Sti-, Sta-, Still!"	*akzentuiert flüstern.*

- Reimen Sie weitere Variationen mit der Gruppe, wie z. B.:

„Ho - kus Po - kus Sau - so - mo - kus,	*S. o.*
Sau - so - mo - kus –	
Ho - kus Po - kus Sau - so - maut,	
Sau - so - maut,	
wir tram - peln al - le laut!	
Li-, la-, laut!	
…"	

2. Baustein: Kuschel, puschel, bim, bum, bum

– Ähnlich wie im 1. Baustein dieses Themenfeldes können Sie mit den Kindern zu folgenden Versen weitere Variationen reimen und in Bewegungen umsetzen. Dabei kann z. B. der erste Zweizeiler regelmäßig wiederkehren:

Textvorschlag	***Bewegungsvorschlag***
Kuschel, puschel, bim, bim, bopp, wir rufen alle „Stopp!“	***Erstarren,***
Kuschel, puschel, bim, bum, bum, wir drehn’ die Arme rundherum.	*Unterarme umeinander drehen,*
Kuschel, puschel, bim, bim, bopp, wir rufen alle „Stopp!“	***erstarren,***
Kuschel, puschel, bim, bim, bell, wir laufen auf der Stell’.	*vgl. Text,*
Kuschel, puschel, bim, bim, bopp, wir rufen alle „Stopp!“	***erstarren,***
Kuschel, puschel, bim, bum, bill, wir stehen alle stumm und still.	*vgl. Text,*
Kuschel, puschel, bim, bim, bopp, wir rufen alle „Stopp!“	***erstarren,***
Kuschel, puschel, bim, bum, bocke, wir gehen in die tiefe Hocke.	*vgl. Text,*
Kuschel, puschel, bim, bim, bopp, wir rufen alle „Stopp!“	***erstarren,***
Kuschel, puschel, bim, bum, rauch, wir liegen auf dem Bauch.	*vgl. Text.*
Usw.	

2.2 Herbst

Der Herbst überrascht alljährlich mit seinen Wetterkapriolen. Plötzlich fegen heftige Stürme über uns hinweg, dann trommelt Regen kräftig auf uns herab, manchmal prasseln Kastanien, Eicheln und andere Früchte von den Bäumen, dann wieder beruhigt sich alles, strahlt die Sonne und bringt die kraftvollen Farben der Blätter und Früchte zum Leuchten. Die Natur bereitet sich auf den Winter vor. Von den Bäumen fällt das Laub und die Tiere sammeln ihren Nahrungsvorrat für den Winter.

Übersicht

2.2.1 Zur Einstimmung

- Themenfeld: Herbstliche Natur erleben
- Themenfeld: Handgestenspiele
- Themenfeld: Windspiele mit der Stimme

2.2.2 Bewegungsangebote

- Themenfeld: Der Sturm treibt's toll
- Themenfeld: Wahrnehmen, Experimentieren und Spielen mit Herbstblättern
- Themenfeld: Wind-Blätter-Tanz-Geschichte
- Themenfeld: Sprach-, Klang- und Bewegungsspiele
- Themenfeld: Blätter-Tanz-Lied

2.2.3 Zum Ausklang

- Themenfeld: Windspiele mit Federn, Luftpumpen und großem Tuch

2.2.1 Zur Einstimmung

■ **Themenfeld: Herbstliche Natur erleben**

1. Baustein: Mit Herbstblättern spielen

Herbstspaziergang

- Unternehmen Sie mit den Kindern einen Herbstspaziergang (auf Ihrem Außengelände oder in der freien Natur) und suchen Sie hinabgefallenes Herbstlaub.

Weitere Anregungen zu Gesprächsanlässen finden Sie z. B. in van't Hoff und Gosens 2006, 49ff.

- Entwickeln Sie Bewegungsspiele mit den Kindern, wie z. B. sich mit Laub bewerfen, mit den Füßen ganz viel Laub hochschießen, einen Laubhaufen machen und sich hineinlegen, sich mit Laub vollkommen zudecken lassen usw.
- Sammeln Sie bunte Blätter. Nutzen Sie dabei das Interesse und die Entdeckungsfreude der Kinder für kleine Wahrnehmungsspiele. Zeigen Sie beispielsweise verschiedene Blätter: „Von welchem Baum ist dieses Blatt gefallen? Wo steht er? Wie heißt er?" Vielleicht finden Sie auch Früchte, wie Kastanien, Eicheln usw.: „Wie heißen diese Früchte? Welche Blätter gehören dazu?" Usw.

Hinweis

Zur Vorbereitung des Themenfeldes: Wahrnehmen, Experimentieren und Spielen mit Herbstblättern, Seite 63, pressen Sie – falls möglich gemeinsam mit den Kindern – viele Blätter. Für die dort beschriebenen Übungen eignen sich die Blätter im Frühherbst besonders gut. Sie sind dann bunt verfärbt und noch elastisch.

2. Baustein: Gespräche über den Herbst anregen
Material: eventuell Bilder vom Herbst, Sturm, fallenden Blättern usw.

Sitzkreis am Boden

- Rufen Sie in einem Gespräch bei den Kindern ihre Erlebnisse mit der herbstlichen Natur (und ihren vielfältigen dynamischen Ereignissen) wach. Falls möglich, veranschaulichen Sie diese Erfahrungen durch Materialien. Knüpfen Sie durch Fragen an die Erlebnisse der Kinder an. Versuchen Sie, die sinnlichen Erfahrungen der Kinder zu vertiefen und Kenntnisse zu vermitteln, z. B.: „Warum fallen die Blätter zu Boden?", „Wie klingt das Spiel des Windes mit den Bäumen?", „Zeigt mit euren Händen, wie ein Blatt zu Boden sinkt (oder in der Luft wirbelt)."

3. Baustein: Rätsel (Arndt/Singer, 2007, S. 192)

Stuhlkreis

- Tragen Sie ein Rätsel ausdrucksvoll vor und untermalen Sie es mit Gesten. Die Kinder machen mit. Jedes Rätsel gibt Anlass zu Gesprächen über Erlebnisse der Kinder.

- *„Er hat keine Beine,*
  keine Strümpfe,
  keine Schuh –
  husch, ist's um die Ecke,
  um's Haus und macht: Puh!"

Was mag das wohl sein? *(Der Wind)*

– *„Öffnet manchmal Tor und Tür,*
hat weder Hand noch Fuß dafür!"

Was mag das wohl sein? *(Der Wind)*

– *„Es stürmt über das Wasser,*
wird aber dabei nicht nass."

Was mag das wohl sein? *(Der Wind)*

■ Themenfeld: Handgestenspiele

1. Baustein: Das Blatt (vgl. Ellersiek, 2002, S. 35)

Text	***Bewegungsvorschlag***
„Ein Blatt hängt am Baum. Es wiegt sich im Traum.	*Der Oberkörper senkt sich nach vorne und bewegt sich mit hängenden Armen hin und her.*
Kommt der Wind herangesaust.	*Die Kinder laufen sich immer wieder drehend durch den Raum.*
Hui! – Wie er das Blättlein zaust.	*Stehen bleiben und beide Arme parallel schnell auf- und abbewegen*
Wirft es in die Luft hinein.	*Sprung mit nach oben gestreckten Armen und Bewegung durch den Raum, während sich die Arme gleichzeitig parallel in Kopfhöhe auf- und abbewegen.*
Hei! – Wie fliegt und tanzt es fein.	*Die Bewegung im Raum wird immer ruhiger und die Arme bewegen sich – nach wie vor parallel – weiter abwärts.*
Trudelt, trudelt, trudelt munter.	*Im Stand kreisende Bewegungen der Arme um den Körper.*
Schwebt zur Erde dann herunter."	*Die Kinder sinken allmählich zu Boden und kommen zur Ruhe.*

Stuhlkreis

– Sprechen Sie den Text klangvoll und stimmen Sie dabei sowohl Tempo als auch Dynamik Ihrer Sprache mit dem Inhalt ab. Sie können dazu spontan Gesten erfinden oder das beschriebene Beispiel umsetzen. Die Kinder machen gleich mit und lernen allmählich durch häufiges Wiederholen (an weiteren Tagen) den Text und gestalten den Bewegungsablauf.

2.2.2 Bewegungsangebote

Ausgehend von den sowohl stürmischen als auch sanften Bewegungen des Herbstwindes und den wirbelnden, bunten Herbstblättern können die Kinder in diesen Bewegungsangeboten ihre Naturerlebnisse mit Bewegung, Sprache, Klängen und Geräuschen nacherleben und gestalten. Die Bausteine regen sowohl zum Spüren, Betrachten und Horchen als auch zum Experimentieren, Darstellen und Tanzen an.

■ Themenfeld: Der Sturm treibt's toll

Der Herbstwind überrascht uns alljährlich mit seinen Launen. Oft fegt er kraftvoll oder sanft über uns hinweg, kommt allmählich oder auch plötzlich. Wir können ihn spüren und hören.
Ausgehend von ihren Naturerlebnissen mit dem Wind können die Kinder in diesem Themenfeld die unterschiedliche Dynamik von Sturm und Brise erleben und gestalten. Dabei werden Bewegung, Musik und Sprache miteinander verbunden.

1. Baustein: Wie klingen Brise und Sturm?
Material: für jedes Kind mehrere „Windbänder" (Streifen aus Krepppapier, ca. 30 bis 50 cm lang) in herbstlichen Farben

Im Kreis sitzen oder stehen

- „Wie klingt der Sturm? Wie klingt ein sanfter Wind?" Erfinden und sammeln Sie gemeinsam mit der Gruppe unterschiedliche Stimmgeräusche, ähnlich wie in Verbindung mit dem Text „Der Wind, der weht". Achten Sie dabei auf eine an- und abschwellende Dynamik.

- An den Handgelenken der Kinder sind mehrere Windbänder befestigt. Die Kinder experimentieren mit den Windbändern und ihrer Stimme. „Wir machen Windmusik. Wie klingen der Sturm und die sanfte Brise?"
- Einzelne machen vor und die Gruppe imitiert.

2. Baustein: Wir tanzen und spielen eine Herbstmusik
Material: für jedes Kind mehrere „Windbänder"
Instrumente: diverse Instrumente für herbstlich anmutende Geräusche wie Trommeln, Rasseln und Klanghölzer

Frei im Raum

- Spielen Sie auf einer Trommel die „sanfte Brise" und den „heftigen Sturm". Die Kinder tanzen entsprechend und verstärken ihren Ausdruck mit den Windbändern.
- Verteilen Sie Instrumente für eine „Windmusik". Die Kinder experimentieren mit den Instrumenten. Sie sammeln Klänge und Geräusche, die den Wind mit seiner wechselnden Dynamik widerspiegeln.
- Tanzen Sie mit Windbändern als Brise oder Sturm und lassen Sie sich von den Kindern (eventuell nur einigen) begleiten.

Sitzen im Kreis

- *Variation:* Ein Kind steht vor der Gruppe und dirigiert mit seinen Windbändern die „Herbstmusik“. Begleiten Sie mit der Gruppe den dynamischen Verlauf.
- *Variation:* Ein Kind bewegt sich als Brise oder Sturm. Begleiten Sie mit der Gruppe.

3. Baustein: Wie tanzen Brise und Sturm?
Während die Kinder in den ersten beiden Bausteinen „Windbewegungen“ und „Windgeräusche“ erproben konnten, erweitern und vertiefen sie in diesem Baustein ihr Repertoire an „Windbewegungen“. Entwickeln Sie gemeinsam mit den Kindern Bewegungsformen und Bewegungsabläufe, die Wind in ganz unterschiedlicher Stärke zum Ausdruck bringen. Weiterführend erkennen sie diese in der Musik von der CD wieder und tanzen dazu.

Material: für jedes Kind mehrere „Windbänder“
Medien: Musikstück „Brise und Sturm“, zum Herunterladen im Internet, Track 3

Frei im Raum

- „Manchmal kommt der Wind von vorne, bläst uns kräftig ins Gesicht und wir müssen uns vorlehnen, um von der Stelle zu kommen.“ Bewegen Sie sich mit den Kindern so, als ob der Wind sie rückwärtsschieben würde. „Der Wind wechselt seine Richtung!“ Plötzlich bläst er von der Seite oder von hinten, sanft oder wild usw. Manchmal kommt eine Windböe auf und wirbelt alle im Kreis oder sie bläst jeden um, sodass alle über den Boden kullern.
- Die Kinder hören die Musik von der CD und ordnen ihr Brise und Sturm zu.
- „Wir spielen zur ‚Windmusik‘ von der CD mit unseren Windbändern.“ Die Kinder begleiten am Platz die Brise und den Sturm mit ihren Windbändern und Körperinstrumenten, z.B. zur Brise mit den Händen reiben, zum Sturm patschen. Gleichzeitig rascheln sie entsprechend mit ihren Bändern.
- Nachdem die Kinder den musikalischen Verlauf der Windmusik variantenreich kennengelernt und begleitet haben, tanzen sie dazu entsprechend der Musik mit ihren Windbändern.

■ Themenfeld: Wahrnehmen, Experimentieren und Spielen mit Herbstblättern

Für viele Kinder sind die von den Bäumen und Sträuchern fallenden Herbstblätter besonders reizvoll. Sie beeindrucken durch ihre leuchtenden Farben, vielfältigen Formen und unterschiedliche Oberflächenstruktur.
In diesem Themenfeld finden Sie Übungen, die zum Betrachten, Tasten, Riechen, Tanzen, Spielen und somit zum sinnlichen Erleben des bunten Herbstlaubs anregen. Andere Aufgaben wecken das Interesse der Kinder am Ordnen, Vergleichen und Unterscheiden von Formen, Größe und Farben, sodass neben den sensorischen ebenso die kognitiven Fähigkeiten gefördert werden.

1. Baustein: Was raschelt da?
Material: ein (Schuh-)Karton, in dem für jedes Kind unterschiedliche, getrocknete Herbstblätter liegen, Klebe- oder Paketband, eventuell Packpapier
Vorbereitung: Legen Sie mehrere unterschiedliche Herbstblätter in einen (Schuh-)Karton und verschließen Sie diesen so, dass beim Weitergeben der Deckel nicht herunterfallen kann. Besonders spannend wird es für die Kinder, wenn Sie den Karton wie ein Päckchen in Packpapier wickeln und verschnüren. Halten Sie den Karton in Ihren Händen und sprechen Sie geheimnisvoll folgenden Vers:

Vers: Si, sa, seht
Si, sa, seht,
dies ist ein Paket.
Es geht jetzt auf die Reise,
wir lauschen ihm ganz leise.

Sitzkreis am Boden

- Wiederholen Sie den Vers mehrfach und ermuntern sie die Kinder, mitzusprechen.
- Der Karton wandert im Kreis herum und jedes Kind entlockt ihm Geräusche.
- „Was könnte da drin sein?“ Verdeutlichen Sie, dass es nicht darum geht, möglichst schnell den Inhalt zu erraten, sondern helfen Sie den Kindern, ihre Wahrnehmungen vielfältig zu beschreiben, indem Sie z. B. fragen: „Könnten es Steine sein?“ „Klingt der Inhalt laut oder leise?“ „Ist der Karton leicht oder schwer, groß oder klein, lang oder kurz, weiß oder schwarz?“ So kann in der Gruppe ein Austausch über das Wahrgenommene entstehen.
- „Woher im Raum kommt das Geräusch?“ Die Gruppe liegt bäuchlings am Boden (möglichst mit geschlossenen Augen) und lauscht. Gehen sie leise an einen Ort im Raum und rascheln Sie dort mit dem Päckchen. Die Kinder zeigen in die Richtung des Geräusches. Wiederholen Sie das Rascheln an einem anderen Ort usw.

2. Baustein: Das Geheimnis wird gelüftet (Ordnung und Durcheinander)
Material: ein Karton mit getrockneten Herbstblättern

Sitzkreis am Boden

- Das Päckchen wird geöffnet und ausgeschüttet. Jeder nimmt sich ein Blatt, ertastet und betrachtet es. Die Kinder vergleichen und beschreiben die Blätter. „Welche sind ähnlich oder verschieden?“ Es gibt Blätter mit einer oder vielen Spitzen, manche sind rot, andere bunt, usw.

- Die Kinder ordnen die Blätter nach Größe, Farben oder Form. Anschließend drehen sich alle um, sodass sie die Blätter nicht sehen können. Nun vertauschen Sie zwei oder mehr Blätter. Die Kinder drehen sich um und „schaffen wieder Ordnung".

3. Baustein: Blätter balancieren
Material: getrocknete Herbstblätter
Medien: CD „Carnavalito", Nr. 2, *Nojento*
Instrumente: eventuell ein Becken oder Metallofon

Frei im Raum

- Die Kinder legen sich ein oder mehrere Blätter auf unterschiedliche Körperteile und gehen – ohne dass die Blätter runterfallen – langsam durch den Raum.
- *Variation:* Unterstützen Sie das ruhige Bewegungstempo mit langsamen Klängen, die Sie auf einem Becken oder Metallofon spielen. Alternativ kann eine ruhige Musik von der CD erklingen.
- *Variation* zu Paaren: Ein Kind wird mit so viel Blättern wie möglich belegt. Es versucht, sich fortzubewegen, ohne ein Blatt fallen zu lassen.
- *Variation* zu Paaren: Das jeweilige Kind probiert, die Blätter in verschiedenen Positionen zu transportieren, wie z. B. auf dem Rücken rutschend, sich in Bauchlage vorwärtsziehend, in Bankstellung krabbelnd usw.

4. Baustein: Wie können wir mit den Blättern spielen?
Material: viele Herbstblätter

Frei im Raum

- Die Kinder experimentieren mit den Blättern und entdecken weitere Spielmöglichkeiten.
- Einzelne Kinder zeigen eine Spielidee, die von der Gruppe imitiert wird, wie z. B. ein Blatt werfen, blasen, sich auf einen Stuhl stellen und es fallen lassen usw. Beenden Sie die jeweilige Imitationsphase mit einem kleinen Vers, wie z. B.: „Bli, Bla, Blopp, wir rufen alle Stopp!"
  Anschließend zeigt ein anderes Kind eine weitere Spielidee usw.

Weitere Spielmöglichkeiten

- Zu Paaren: Ein Kind lässt ein Blatt fallen, das das andere Kind auffängt.
- Alle pusten ihr Blatt zu einem gemeinsamen Ziel, z. B. eine Sportfliese o. Ä.
- Variation zu Paaren: Zwei Kinder pusten ihr Blatt so, dass beide Blätter gleichzeitig das Ziel erreichen.
- Ein Kind wird mit Blättern zugedeckt und befreit sich ohne Hilfe seiner Hände (durch Schütteln, Rollen usw.).

5. Baustein: Wir sinken wie Blätter
Material: s. o.
Medien: Musikstück „Sinkende Blätter", zum Herunterladen im Internet, Track 4

- Lassen Sie ein Blatt fallen und die Kinder dessen Bewegungsverlauf beobachten. „Fällt es langsam oder schnell?" Wiederholen Sie den Vorgang mehrere Male. Manche Blätter gleiten sehr ruhig zu Boden, andere wirbeln und drehen sich erst munter in der Luft. Immer landen sie lautlos auf dem Boden. Alle begleiten das Fallen mit Stimmgeräuschen oder Körperinstrumenten (Patschen, Reiben, Klatschen usw.) und enden sobald das Blatt am Boden liegt.
- „Wir sinken wie ein Blatt." Lassen Sie ein Blatt fallen und die Kinder sinken zeitgleich zu Boden. Eventuell ist es hilfreich, wenn die Kinder vorher mit dem Fallen eines Blattes ihre Hand in zeitlicher Abstimmung sinken lassen. „Wir versuchen, so lautlos wie die Blätter zu landen. Wie geht das am besten?" Einzelne Kinder machen vor und die anderen beobachten. Besprechen Sie mit den Kindern, dass wir unsere Kraft so steuern können, dass wir lautlos landen.
- Hören Sie mit den Kindern die Musik „Sinkende Blätter": „Unsere Hände tanzen zur Musik wie sinkende Blätter." Orientieren Sie Ihre Bewegungen an der Dynamik, dem Tempo und der Melodie. Die Kinder machen gleich mit.
- Die Kinder verwandeln sich in Blätter und fallen oder sinken mit der Musik zu Boden.
- *Variation:* Die Kinder bilden kleine Gruppen, die nacheinander zu Boden sinken. Die anderen Kinder beobachten den Zusammenklang von Bewegung und Musik.

6. Baustein: Wir tasten mit Händen und Füßen
Material: s. o., ein Korb

Kreis

- In einem Korb o. Ä. liegen drei (oder auch) mehr Blätter, die sich deutlich in ihrer Größe und Form unterscheiden. Ein Kind nimmt sich mit geschlossenen Augen ein Blatt, ertastet es und legt es wieder zurück. Anschließend betrachtet es die Blätter im Korb. „Welches Blatt hast du mit deinen Händen erspürt?"

- Legen Sie mit Herbstblättern einen Weg am Boden. Die Kinder gehen nacheinander barfuß darüber, sodass die Form erhalten bleibt.
- Finden Sie weitere Übungen.

■ Themenfeld: Wind-Blätter-Tanz-Geschichte

In diesem Themenfeld motiviert die Vorstellung „Blätter im Wind“ zu tänzerischem Bewegungsausdruck. Die Kinder haben in dem *Themenfeld: Wahrnehmen, Experimentieren und Spielen mit Herbstblättern* (S. 63) vielfältige sinnliche und motorische Erfahrungen gemacht, die sie hier in Verbindung mit Musik und einer Wind-Blätter-Geschichte vertiefen und erweitern können.

1. Baustein: Wir schwingen das Tuch
Dieser Baustein ermöglicht den Kindern einstimmende Erfahrungen mit einem großen Tuch oder Schwungtuch. Weitere Anregungen zu Übungsspielen mit Schwungtüchern finden Sie im *Kapitel 2.6 Sommer*, S. 125.
Material: ein Schwungtuch oder Bahnen von Gardinenresten (je nach Größe der Gruppe circa 3 m lang)

Um das Tuch versammelt

- Breiten Sie am Boden ein Schwungtuch oder ein anderes großes Tuch aus. Halten Sie mit den Kindern den Rand des Tuches und schwingen Sie es gemeinsam. Lassen Sie die Kinder damit experimentieren.

2. Baustein: Wind-Blätter-Erlebnisse
Material: ein Schwungtuch oder Bahnen von Gardinenresten (s. o.), Herbstblätter
Medien: Musikstück „Wind-Blätter-Tanz“, zum Herunterladen im Internet, Track 5

Um das Tuch versammelt

- Breiten Sie in der Mitte des Raumes ein (Schwung-)Tuch aus und verteilen Sie darauf viele Herbstblätter.
- Stellen Sie sich mit den Kindern um das Tuch und erfinden Sie spontan eine Geschichte, die das An- und Abschwellen des Windes beschreibt. Die Kinder bewegen entsprechend das Tuch.

Beispiel für den Verlauf einer Wind-Blätter-Geschichte
Die Blätter liegen still und ruhig am Boden. Der Parkwächter hat sie alle auf einem Haufen zusammengefegt. Sie träumen davon, endlich wieder durch die Luft zu sausen. Noch schläft der Wind hinter den Hecken und Sträuchern. Jetzt kommt er vorsichtig angeschlichen, sodass die Blätter unruhig werden und ein wenig rascheln. Das gefällt dem Wind. Er bläst stärker und die Blätter beginnen, vorsichtig zu tanzen. Oh, das macht ihnen Spaß und sie rufen: „Mehr, lieber Wind, blase noch mehr!“ Der Wind freut sich und bläst aus vollen Backen, bis es stürmt! Da wirbeln, drehen, hüpfen, fliegen, taumeln, schweben und tanzen die Blätter munter und lustig herum. „Mehr, lieber Wind, blase noch mehr!“, rufen sie immer wieder. Und schon legt der Wind los. Hui, er saust und braust! Die Blätter toben, tanzen und taumeln durch die Luft. Doch langsam werden sie müde. „Lass nach, lieber Wind,

lass nach!", rufen sie. Auch der Wind sehnt sich nach Ruhe und wird sanfter. Er säuselt noch ein bisschen und verkriecht sich dann wieder hinter den Hecken.

– Die Kinder bewegen das Tuch mit den Blättern zur CD-Musik. Dabei orientieren sie sich an dem dynamischen Verlauf der Musik.

3. Baustein: Herbstblätter toben und tanzen
Medien: Musikstück „Wind-Blätter-Tanz", zum Herunterladen im Internet, Track 5
Instrumente: Rasseln, Klanghölzer, Becken u. a. Instrumente zum Spielen von Wind- und Blättergeräuschen

Frei im Raum

– Die Kinder tanzen als Blätter. „Wie bewegen sich die Blätter? Könnt ihr auch so tanzen und wirbeln?" Regen Sie die Kinder zu fantasievollem Ausdruck an. Sie können sich wie Blätter fallen lassen, am Boden rollen, wieder aufrichten, torkeln, langsam sinken, wieder nach oben wirbeln, laufen oder sich drehen.
– Erzählen Sie noch einmal die „Wind-Blätter-Geschichte" aus dem 2. Baustein und die Kinder tanzen als Blätter dazu. Dafür stellen die Kinder einen Blätterhaufen dar, indem sie sich entspannt auf- oder nebeneinanderlegen. Regen Sie die Kinder an, aus ihrer entspannten Lage in zunehmende Bewegung und wieder zurück in die Entspannung zu kommen.

– *Variation:* Sie können diese „Wind-Blätter-Geschichte" mit Instrumenten untermalen. Verstärken Sie mit den Klängen und Geräuschen die Bewegungsdynamik der Gruppe.
– *Variation:* Einige Kinder spielen gemeinsam mit Ihnen auf Instrumenten, während die anderen dazu als Blätter tanzen.
– Hören Sie noch einmal den „Wind-Blätter-Tanz". Bei der Wiederholung tanzen die Kinder dazu.

4. Baustein: Wind-Blätter-Tanz
Material: Chiffontücher für die Blätterkinder und Windbänder für die Windkinder
Medien: Musikstück „Wind-Blätter-Tanz", zum Herunterladen im Internet, Track 5

– Hören Sie noch einmal mit den Kindern den Wind-Blätter-Tanz und verdeutlichen Sie gegebenenfalls den Ablauf der Musik.
– Die Blätterkinder stehen mit ihren Chiffontüchern auf der Kreisbahn (Blick in Tanzrichtung). Sie stellen am Baum hängende Blätter dar. Die anderen Kinder verkörpern den Wind und stehen außerhalb des Kreises im Raum verteilt.Die Blätter wiegen sich im Wind." Die Kinder lassen dabei ihre Tücher sanft auf-

und abschwingen. Allmählich kommen nacheinander die Windkinder und „pusten kräftig die Blätter von den Bäumen“, d.h., sie berühren die Blätterkinder, die nun gemeinsam mit den Windkindern durch den Raum wirbeln, drehen usw., bis die Windkinder zur Ruhe kommen und sich zurückziehen. Die Blätterkinder sinken zu Boden.

■ Themenfeld: Sprach-, Klang- und Bewegungsspiele

Die Bewegungen, Klänge und Geräusche des Windes und der Herbstblätter werden in diesem Themenfeld in Verbindung mit einem Sprachspiel gestaltet.

1. Baustein: Wir spüren und hören den Wind
In diesem Baustein lernen die Kinder Text und Bewegung des ersten Teils (A-Teil) von „Der Herbstwind“ kennen (Pötschke, 1970, S. 9).
Material: mehrere (Seiden-)Tücher

Frei im Raum

- Die Kinder stehen oder sitzen am Boden. Bewegen Sie sich mit einem möglichst großen Tuch so zwischen den Kindern, dass sie die Windbewegungen des Tuches spüren und hören können. „Was könnt ihr hören?“ „Was könnt ihr spüren?“ „An welcher Stelle eures Körpers spürt ihr den Wind?“
- Wiederholen Sie diesen Verlauf und sprechen Sie dazu ausdrucksvoll den Teil A von „Der Herbstwind“:

> „Jetzt kommt der Wind!
>
> Er sauset und brauset
>
> und bläst alle Blätter
>
> vom Baume herunter.“

- Wiederholen Sie diesen Ablauf mehrmals und lassen Sie sich dabei von einigen Kindern „helfen“, die ebenso mit Tüchern Wind „zaubern“.
- „Was machen die Blätter, wenn der Wind sie vom Baum herunterbläst?“ Thematisieren Sie das Wirbeln, Tanzen und Drehen ebenso wie das langsame Sinken der Blätter. „Oft bläst der Wind auch Blätter, die bereits am Boden liegen, in die Luft und lässt sie tanzen.“ Eventuell müssen einige Begriffe, wie z.B. „wirbeln“ und „schweben“, geklärt werden.
- Sprechen Sie noch einmal den Text. Dazu stürmen einige „Windkinder“ zwischen den stehenden Kindern umher. Am Ende des Verses tanzen und wirbeln diese als „Blätter“ durch den Raum.

2. Baustein: Jetzt kommt der Wind

In diesem Baustein gestalten die Kinder den gesamten Text „Der Herbstwind" als Bewegungsspiel. Das Textverständnis und der Bewegungsablauf wurden im 1. Baustein bereits vorbereitet.

Material: für jedes Kind zwei Chiffontücher (möglichst in herbstlichen Farben) und mehrere Windbänder

Frei im Raum

– In dem Bewegungsspiel „Der Herbstwind" spielen je nach Größe der Gruppe ein bis drei Kinder den Wind und die übrigen die Blätter. Die „Blätterkinder" stehen verteilt im Raum und halten in jeder Hand ein Chiffontuch. Die „Windkinder" verbergen sich in den Ecken des Raumes und haben Windtücher oder Windbänder an ihren Handgelenken befestigt. Sprechen Sie den Text. Die Kinder bewegen sich dazu. Dabei können Sie die Bewegungsphasen verlängern, indem Sie einzelne Textpassagen mehrfach wiederholen.

Der Herbstwind (Pötschke, 1970, S. 9)

Text	***Bewegungsvorschlag***
Teil A „Jetzt kommt der Wind! Er sauset und brauset und bläst alle Blätter vom Baume herunter.	*Die Windkinder laufen zwischen den Blätterkindern herum und berühren dabei diese mit ihren Tüchern oder Windbändern. Jedes berührte Blätterkind bewegt sich am Platz.*
Teil B Da tanzen sie lustig, da tanzen sie munter. Sie wirbeln und drehen.	*Alle Blätterkinder tanzen, wirbeln und drehen wie Blätter im Herbstwind. Die Windkinder umtanzen die Blätterkinder.*
Teil C Sie schweben im Kreise und sinken am Ende der fröhlichen Reise zur Erde – ganz leise.	*Alle Blätterkinder bewegen sich langsamer und leiser. Sie sinken allmählich zu Boden. Die Windkinder ziehen sich an den Rand zurück."*

3. Baustein: Wir spielen eine Wind-Blättermusik

In diesem Baustein gestalten die Kinder den Text „Der Herbstwind" mit Instrumenten als Klangspiel. Im 2. Baustein des *Themenfeldes: Der Sturm treibt's toll* (S. 62) haben die Kinder bereits dynamische Abläufe dirigiert und auf Instrumenten gespielt.

Instrumente: diverse Instrumente für Klänge und Geräusche von Blättern und Wind, wie z. B. Zimbeln mit Schlägel, Trommeln, Rasseln, Klanghölzer, Flötenköpfe o. a. einfache Blasinstrumente u. Ä.

- Die Kinder experimentieren mit den Instrumenten. Sie sammeln Klänge und Geräusche für Blätter- und Windbewegungen. Besprechen Sie mit den Kindern, mit welchen Instrumenten die Windmusik und mit welchen die Blättermusik besonders gut klingt.
- Einige Kinder übernehmen die Rolle der Windmusiker und die anderen die Rolle der Blättermusiker. Sprechen Sie noch einmal den Text „Der Herbstwind" und veranschaulichen Sie die Dynamik der drei Teile mit Tüchern oder Windbändern. Die Kinder spielen dazu mit ihren Instrumenten.

Platz für Instrumentenspiel und frei im Raum

Themenfeld: Blätter-Tanz-Lied („Unser Musikspielbuch", MUK 1, 1999, S. 15)

1. Baustein: Lied: Ihr Blätter, wollt ihr tanzen?
Materialien: Chiffontücher
Medien: CD „Unser Musikspielbuch", MUK 1, Nr. 7
Instrumente: Trommeln und Rasseln

Ihr Blätter, wollt ihr tanzen?

Text und Melodie: volkstümlich

2. Da fuhr er durch die Äste
und pflückte Blatt um Blatt.
„Nun ziehen wir zum Feste,
nun ziehen wir zum Feste,
nun tanzen wir uns satt.

- Singen Sie das Lied oder spielen Sie es von der CD vor. Anschließend erzählen die Kinder den Text des Liedes.
- Die Kinder lernen durch Vor- und Nachsingen das Lied.

Sitzkreis

2. Baustein: Liedbegleitung

- Jeweils der erste Teil beider Strophen beschreibt die Sichtweise des Windes, der andere Teil bezieht sich auf die Blätter. Einige Kinder übernehmen die Rolle des Windes und die übrigen die der Blätter.
- Die Kinder begleiten das Lied mit Instrumenten, indem z. B. die Windkinder auf der Trommel wischen und die Blätterkinder mit den Rasseln „rascheln" (vgl. das vorangehende Themenfeld: „Sprach-, Klang- und Bewegungsspiele").

3. Baustein: Szenisches Spiel

Frei im Raum

- Ähnlich wie zu dem Text „Der Herbstwind“ (vgl. *Themenfeld: Sprach-, Klang- und Bewegungsspiele*, 2. Baustein, S. 70) gestalten die Kinder die beiden Strophen des Blätter-Tanz-Liedes.

Vorspiel:	*Die Windkinder räkeln, recken und strecken sich. Sie wachen auf.*
1. Strophe	
Takt 1 bis 4:	*Die Blätterkinder stehen frei verteilt im Raum. Die Windkinder bewegen sich langsam vom Rand in den Raum hinein.*
Takt 5 bis 10:	*Die Blätterkinder tanzen und springen am Platz. Die Windkinder tanzen nicht zu nah um die Blätterkinder herum.*
Zwischenspiel:	*Die Blätterkinder behalten ihre Bewegungen bei. Die Windkinder nähern sich weiter an.*
2. Strophe	
Takt 1 bis 4:	*Die Windkinder tanzen zwischen den Blätterkindern und berühren sie mit Chiffontüchern.*
Takt 5 bis 10:	*Die Blätterkinder wirbeln gemeinsam mit den Windkindern durch den Raum.*
Nachspiel:	*Die Blätterkinder kommen allmählich am Platz zur Ruhe. Die Windkinder ziehen sich wieder an den Rand zurück.*

4. Baustein: Vorschlag zur Aufführung des Blätter-Tanz-Liedes

Gestaltete Raumaufteilung

- Für eine Aufführung können Sie mit mehreren (Klein-)Gruppen dieses Lied gestalten. Dafür verteilen sich eine Singgruppe, eine Instrumentalgruppe und eine Tanzgruppe im Raum und alle stellen gleichzeitig das Lied dar.
- *Variation:* Nur einzelne Gruppen bieten ihre Fassung dar.

Aufführung zum Thema „Herbst“

- Für eine größere Aufführung können Sie Teile dieser Bausteine miteinander verbinden.

Beispiel für das Programm einer Aufführung

1. Blätterlied mit Singgruppe
2. „Der Herbstwind“ als Klanggestaltung mit Instrumenten
3. Die Wind-Blätter-Geschichte mit großem Tuch
4. Singtanz zum Blätterlied

2.2.3 Zum Ausklang

■ **Themenfeld: Windspiele mit Federn, Luftpumpen und großem Tuch**

1. Baustein: Wir spüren den Wind
Material: Luftpumpen (möglichst für je zwei Kinder eine)

Kreis

- Die Kinder sitzen oder liegen. Blasen Sie mit einer Luftpumpe sanfte Brisen oder kräftige Windstöße auf die Haut der Kinder. „An welcher Stelle eures Körpers habt ihr den Wind gespürt?“
- *Variation:* Je zwei Kinder haben eine Pumpe.

2. Baustein: Wir spüren den Hauch unseres Atems

Sitzkreis am Boden

- Die Kinder halten ihre Hände wie „ein Schälchen" vor ihren Mund und atmen sanft oder stark hinein. „Was könnt ihr spüren?"
- Die Kinder hauchen oder pusten auf ihre nackten Arme oder Beine.

3. Baustein: Wir spüren den „Kitzelwind
Material: eine weiche und eine harte Feder für jedes Kind

Sitzkreis am Boden

- „Manchmal kann der Wind uns kitzeln." Die Kinder streicheln sich mit weichen und harten Federn. „Wie fühlt sich das an?"
- Einige Kinder berühren mit Federn die nackten Hautpartien der anderen.

4. Baustein: Das wallende Tuch
Material: ein großes Tuch (Schwungtuch oder Bettlaken o. Ä.)

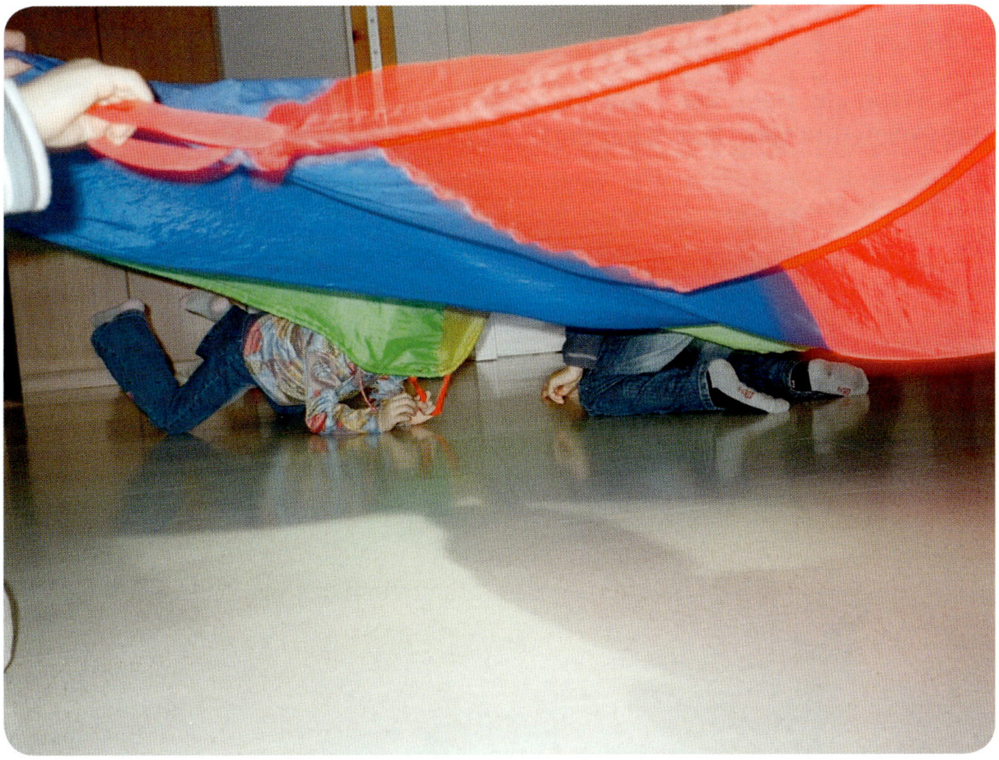

Um das Tuch gruppiert

- Breiten Sie am Boden ein Schwungtuch oder ein anderes großes Tuch aus. Halten Sie mit den Kindern den Rand des Tuches und schwingen Sie es gemeinsam. Lassen Sie die Kinder damit experimentieren.
- Einige Kinder legen sich unter das Tuch und spüren den Lufthauch. Dabei schwingt das Tuch weit hoch und berührt beim Sinken sanft die liegenden Kinder.
- Zwischen dem Schwingen dreht sich die Gruppe mit dem Tuch über den Liegenden langsam in eine Richtung.

5. Baustein: Die Windmacher kommen

Material: ein großes Tuch (Schwungtuch oder Bettlaken o. Ä.)

Zentriert auf die Raummitte

- Einige Kinder liegen rücklings am Boden. Die anderen sind Windmacher und bewegen das Tuch über den liegenden Kindern so, dass diese den Wind spüren können.
- Die liegenden Kinder wünschen sich auf Zuruf Brise oder Sturm. Rufen sie „Stopp“, herrscht Windstille und die Kinder tauschen ihre Rollen.
- Die Windmacher lassen den Wind an- und abschwellen. Sie können dies Windmacherspiel mit dem Text „Der Wind, der weht“ (vgl. *Themenfeld: Windspiele mit der Stimme*, S. 60 f.) verbinden. Sprechen Sie den Text und steuern Sie damit die Dynamik des Ablaufs. Die Kinder machen mit.

Der Wind, der weht

Der Wind, der weht, der Wind, der weht
sanft und leicht, sanft und leicht.

Der Wind, der weht, der Wind, der weht
sausend schnell, sausend schnell.

Der Wind, der weht, der Wind, der weht
stark und wild, stark und wild.

Der Wind, der weht, der Wind, der weht,
lässt nach und geht, lässt nach und geht.

2.3 Advent

Viele Kinder erleben die Advents- und Vorweihnachtszeit als besonders aufregend und geheimnisvoll. Sie ruft Gefühle von Vorfreude, Geborgenheit und Wärme wach.

Nachfolgende Themenfelder lassen die Kinder die Vorweihnachtszeit mit allen Sinnen und Bewegung erleben. Dabei geht es ebenso um Wahrnehmen und Staunen, Innehalten und inneres Bewegtsein, wie um expressive Aktivitäten zum Ausleben der Vorfreude und Erwartungsspannung.

Übersicht

2.3.1 Zur Einstimmung

- Themenfeld: Erlebnisse in der Adventszeit

2.3.2 Bewegungsangebote

- Themenfeld: Klingendes Plätzchenbacken
- Themenfeld: Der tanzende Plätzchenteig
- Themenfeld: Tanzende Nudelhölzer
- Themenfeld: Wo sind die Plätzchenformen?

2.3.3 Zum Ausklang

- Themenfeld: Plätzchenträume mit Genuss
- Themenfeld: Duft, Licht und Wärme spüren

2.3.1 Zur Einstimmung

■ Themenfeld: Erlebnisse in der Adventszeit

1. Baustein: Küchenutensilien als Gesprächsanlass

Idealerweise backen Sie mit den Kindern im Kindergarten Plätzchen. Sollte das nicht möglich sein, helfen alle notwendigen Küchengeräte und Zutaten, dieses Themenfeld zu veranschaulichen.

Materialien: Backutensilien und Zutaten zum Backen von Plätzchen, wie z. B. Backschüsseln, Schneebesen, Kochlöffel, Nudelhölzer, Plätzchenformen, Mehl- und Zuckertüten, Eierkartons, Butter- oder Margarinedosen; ein großes Tuch zum Abdecken; Abbildungen von Plätzchen oder sogar gebackene Plätzchen

Sitzkreis am Boden

- Legen Sie die Backutensilien und Zutaten zum Plätzchenbacken in die Mitte des Kreises und verdecken Sie diese mit einem großen Tuch. Rätseln Sie mit der Gruppe über die versteckten Sachen. Einige Kinder versuchen, einen Gegenstand oder eine der Zutaten zu ertasten.
- Decken Sie das Tuch ab und fragen Sie die Kinder, was man mit den Sachen machen kann usw. Eventuell geben Sie einige Teile herum, sodass die Kinder sie genauer untersuchen, an den Gewürzen schnuppern können usw.
- Besprechen Sie mit den Kindern die notwendige Vorbereitung (wie Einkauf, Bereitstellen der Küchengeräte usw.), die Zutaten und die Durchführung des Plätzchenbackens.
- Betrachten Sie mit den Kindern die Abbildung der Plätzchen. Wie heißen diese? Fragen Sie die Kinder, ob sie noch weitere Plätzchen kennen oder besonders lecker finden.

2. Baustein: Wie's im ganzen Hause duftet („Unser Musikspielbuch", MUK 1, 1999, S. 21)
Medien: „Unser Musikspielbuch", MUK 1, CD 1, Nr. 11

Wie's im ganzen Hause duftet

Text: Ortfried Pörsel, Melodie: Heinz Lemmermann; © Fidula Verlag, Boppard/Rhein

2. Heute backt die Großfamilie,
Oma, Mutter, Klaus, Othilie,
dabei sieht das ganze Haus
wie ein Riesenbackplatz aus.

3. Schütteln, rühren, kneten, packen,
stechen, streichen, legen, backen.
Aus dem Herde dringt ein Duft:
allerbeste Weihnachtsluft.

4. Manches Plätzchen rasch verschwindet,
das man nie mehr wiederfindet;
nach dem alten Weihnachtsbrauch:
zwei gebacken – eins im Bauch.

- Singen Sie die erste Strophe dieses schwungvollen Liedes mit der Gruppe und begleiten Sie es mit Gesten oder Körperklängen. *Sitzkreis*

  Beispiel für eine Begleitung mit Körperklängen
  Teil A: *2 Klatscher auf den letzten beiden Tönen der 1. Zeile*
  Teil B: *Grundschlag patschen zu den letzten beiden Zeilen*

- Führen Sie allmählich die weiteren Strophen ein, die die Kinder ebenso begleiten können.
- Hören Sie mit der Gruppe das Lied auf der CD. Fragen Sie die Kinder nach dem Sprechspiel zu Beginn der Einspielung. „Welche Plätzchen mögen diese Kinder besonders gern?"

– Lassen Sie sich von dem Vorspiel auf der CD inspirieren und entwickeln Sie mit Ihrer Gruppe auch ein Sprechspiel. „Dabei muss man hören, wie lecker die einzelnen Plätzchen schmecken!“

3. Baustein: Rhythmisierter Knusperspaß mit Plätzchen
Material: für jedes Kind ein Plätzchen

Sitzkreis

– Stellen Sie in die Mitte des Kreises eine Schale mit Plätzchen. Nachdem Sie das Backen von Plätzchen (vgl. 1. Baustein) thematisiert haben, verbinden Sie diesen Bereich mit nachfolgenden rhythmisierten Versen (Sprechrhythmen und Gesten). Sprechen Sie die Verse und begleiten Sie mit den entsprechenden Gesten. Die Kinder machen gleich mit.

Text	***Vorschlag für Gesten***
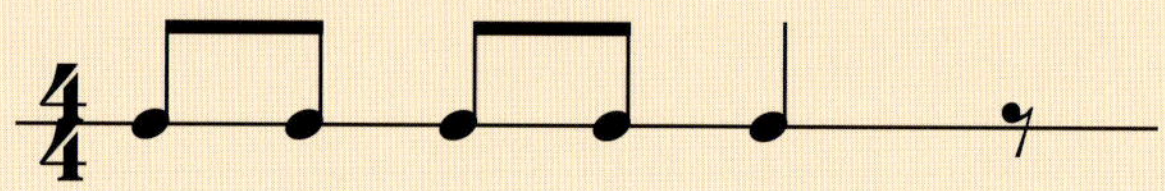 Schnell noch Teig er - hascht,	*Mit einem Finger „Teig“*
 weil je - der so gern nascht!	*in den Mund stecken,*
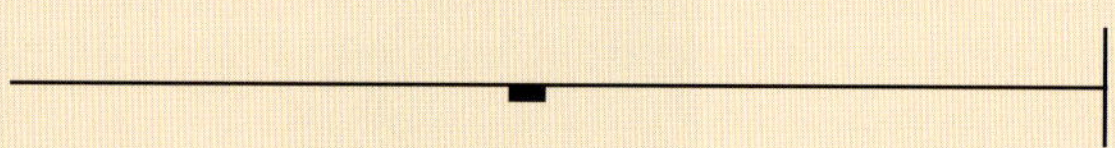 „Hmmm!“	*Bauch reiben,*
 Wun - der - bar, wun - der-bar,	*Hände reiben,*
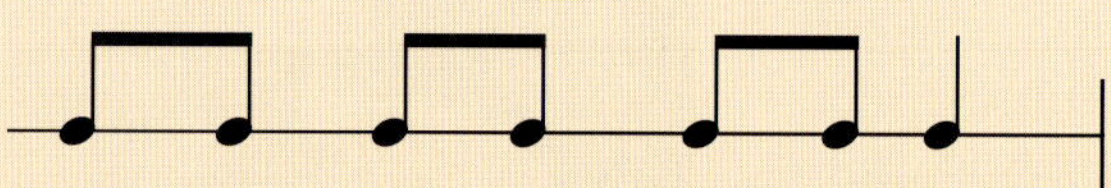 end - lich sind die Plätz - chen gar.	*klatschen,*
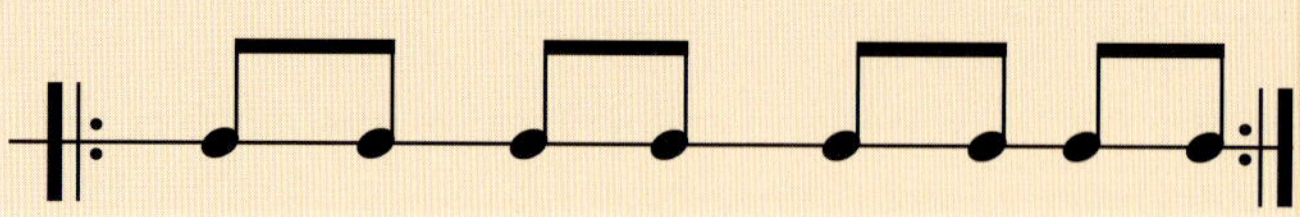 Oh wie le - cker, oh wie le - cker, ru - fen al - le Plätz-chen-bä - cker	*Bauch reiben,* *klatschen,*
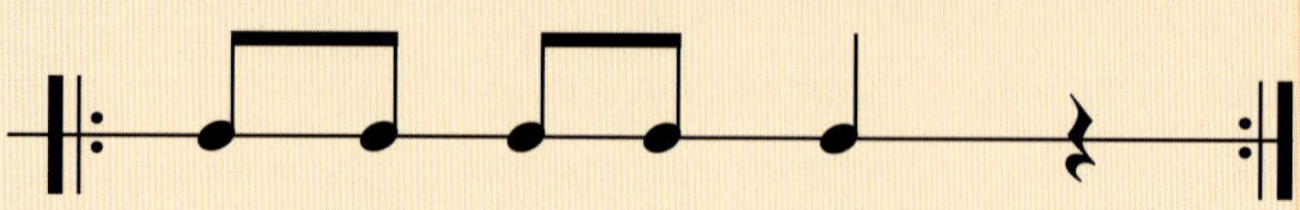 In den Mund ge - steckt, je - des Plätz - chen schmeckt.	*Hände wechselseitig auf Mund, zum Abschluss 1 x klatschen.*

- „Der Teig ist besonders lecker!" Beim nächsten Durchgang sollte man hören können, wie gut der Teig schmeckt.
- Können die Kinder die Verse auswendig, übernimmt jeweils ein Viertel der Gruppe nur einen Vers. Jede Kleingruppe spricht zweimal nacheinander ihren Vers mit gestischer Begleitung. Dann die nächste usw.
- Erfinden Sie weitere Reime mit den Kindern.
- Zum Abschluss nimmt sich jedes Kind ein Plätzchen.

4. Baustein: Knusper, knusper, Knäuschen (Text: traditionell)
Instrumente: Klanghölzer, Trommeln

Vers	***Gesten***
Knusper, knusper, Knäuschen, wer knuspert an meinem Häuschen?	*Finger klopfen in die Handinnenfläche der anderen Hand.*
Der Wind, der Wind, das himmlische Kind.	*Beide Arme als Wind bewegen.*

- Sprechen Sie den Vers geheimnisvoll. Sicher kennen ihn viele aus dem Märchen von Hänsel und Gretel. Sie können ihn mit einem Gespräch über das Märchen oder über das Pfefferkuchenhäuschen oder den spätherbstlichen Wind oder über Hexen verbinden.
- **Vers mit Gesten:** Sprechen Sie den Text geheimnisvoll mit Gesten. Die Kinder machen gleich mit.
- *Variation:* Die eine Hälfte der Gruppe spricht den ersten, die andere den zweiten Teil. Beide Gruppen wechseln sich ab.
- **Vers mit Instrumenten:** Die Kinder begleiten den Vers mit Instrumenten, z. B. im ersten Teil Klopfgeräusche mit Klanghölzern und im zweiten Teil Windgeräusche mit Trommeln. Auch hier kann eine Hälfte der Gruppe den ersten, die andere den zweiten Teil übernehmen.
- **Vers mit Bewegung** (vgl. Schaffner, 2005, S. 19): Die Kinder bilden Paare und ein Kind stellt sich hinter den Rücken des anderen. Zum ersten Teil „knuspern" die

hinteren Kinder mit allen Fingern („weil's so lecker schmeckt") am Rücken der vorderen. Zum zweiten Teil tanzen sie als Wind um alle Vorderkinder und bleiben mit dem letzten Wort dort stehen, wo sie sich gerade befinden. Derweil beobachtet das vordere Kind sein Windkind und läuft (erst nach dem letzten Wort) schnell zu ihm und stellt sich hinter seinen Rücken. Nun beginnt das Spiel mit vertauschten Rollen von vorn.

– *Variation:* Zum ersten Teil rufen die vorderen und zum zweiten Teil antworten die Windkinder.

2.3.2 Bewegungsangebote

Hinweis

Plätzchen werden nicht nur zur Weihnachtszeit, sondern das ganze Jahr über gebacken. Insofern können nachfolgende Bausteine auch in Verbindung mit anderen Themen erarbeitet werden.

In manchen Familien werden alljährlich Plätzchen gebacken. Dabei können die Kinder den Duft von Gewürzen und den Geschmack von Zutaten in Verbindung mit dem Kneten, Ausstechen und Verzieren erfahren. Die Kunst des Backens verlangt nicht nur viele Kenntnisse, sondern ebenso sensorische und motorische Fertigkeiten. In den nachfolgenden Übungen werden diese in Verbindung mit Bewegung, Musik und Material vertieft und gleichzeitig die kreativen Entfaltungsmöglichkeiten der Kinder angeregt.

■ Themenfeld: Klingendes Plätzchenbacken

1. Baustein: Wir backen heute Plätzchen

Sitzkreis

– Rufen Sie bei den Kindern ihre Erfahrungen zum Thema „Plätzchenbacken" in Erinnerung: „Welche Zutaten brauchen wir für die Zubereitung des Teiges? Welche Küchengeräte sind notwendig?" Usw.

– Gegebenenfalls veranschaulichen Sie das Thema noch einmal mit Küchengeräten und den Verpackungen der Zutaten, ähnlich wie im 1. Baustein des *Themenfeldes: Erlebnisse in der Adventszeit* auf S. 76.

– Tragen Sie den Text „Plätzchenbacken" langsam und ausdrucksvoll vor. Gleichzeitig untermalen Sie ihn mit Gesten. Regen Sie die Kinder an, gleich mitzumachen.

Plätzchenbacken

Text	*Beispiele für Gesten*
Wir ba - cken heu - te Plätz - chen	*1 x auf die rechte, 1 x auf die linke Hand klatschen.*
und das geht so:	*Handflächen aneinander „abwischen".*

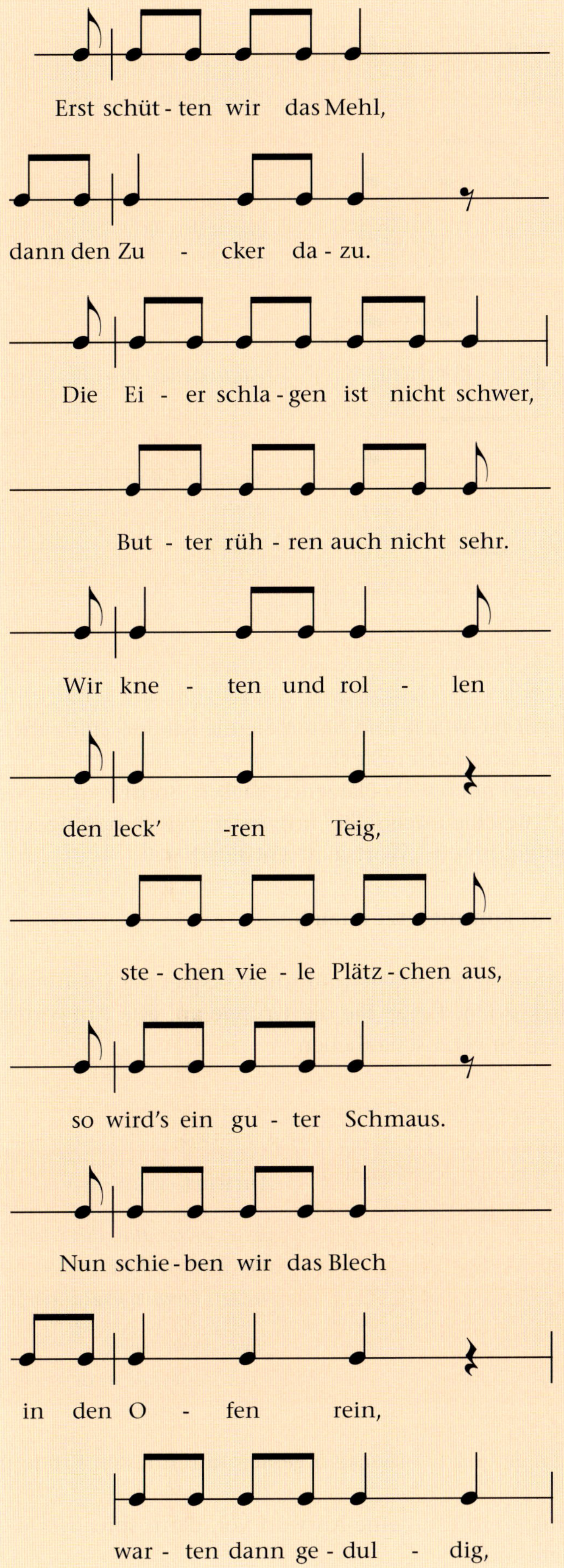

Rechte Hand schüttet,

linke Hand schüttet.

„Ei" mit der Handkante „aufschlagen" oder mit „Schneebesen in Schüssel" schlagen.

Eine Hand hält die „Schüssel", die andere rührt.

Beide Hände kneten,

„Teig" ausrollen.

„Ausstechen" auf den Oberschenkeln,

sich den Bauch reiben.

Hände schieben schwungvoll das „Blech".

Ruhig sitzen und

„Ene, mene, mu, die Butter kommt dazu."	*Kochlöffel in einer Schüssel o. Ä. kreisen oder mit Margarinedose über den Boden wischen.*
Frage: „Ene, mene, meig, „was macht Ihr mit dem Teig?"	
Antworten: „Ene, mene, meig, wir kneten jetzt den Teig."	*Leere Zucker- und Mehltüten knautschen.*
„Ene, mene, meig, wir rollen jetzt den Teig."	*Nudelhölzer (oder Papprollen) rollen.*
Frage: „Ene, mene, maus, was stechen wir nun aus?"	
Antwort: „Ene, mene, maus, wir stechen Plätzchen aus."	*Plätzchenformen auf den Boden bzw. auf eine Tischplatte tupfen.*
Frage: „Ene, mene, mech, was macht ihr mit dem Blech?"	
Antwort: „Ene, mene, mech, wir schieben das Blech."	*Alle „Kücheninstrumente" spielen.*
Frage: „Ene, mene, mein, was riecht denn jetzt so fein?"	
Antwort: „Ene, mene, mein, die Plätzchen riechen fein."	*Still sitzen und schnuppern.*
Frage: „Ene, mene, mauf, was machen wir jetzt auf?"	
Antwort: „Ene, mene, mauf, wir machen den Ofen auf."	*Kräftiger „Tusch" mit allen „Kücheninstrumenten".*
Frage: „Ene, mene, maus, was holen wir jetzt raus?"	
Antwort: „Ene, mene, maus, wir holen Plätzchen raus."	*Genussvolles Seufzen mit „hmmm", „oooh" und „aaah", dazu zarte Geräusche mit den Kücheninstrumenten.*

- Es kann ein fester Ablauf mit entsprechenden Aufgaben für einzelne Kinder (oder kleine Gruppen) vereinbart werden.

Themenfeld: Der tanzende Plätzchenteig

Während die Kinder in dem Themenfeld „Klingendes Plätzchenbacken“ mit Sprache, Gesten und Kücheninstrumenten spielen, wird in diesem Themenfeld Plätzchenbacken tänzerisch umgesetzt.

1. Baustein: Was geschieht denn da?
Materialien: Schilder mit Bändern zum Umhängen, auf denen Motive von vier Zutaten (z.B. Mehl, Zucker, Eier, Butter oder von Gewürzen) abgebildet sind (bspw. die Verpackungen ausschneiden, auf Pappe kleben und an Bändern befestigen).
Medien: CD „Musik und Tanz für Kinder“, Nr. 6, *Pasch Pasch*.
Nach einem kurzen Vorspiel wechseln sich in dem Tanz ein (ruhiger) Musikteil A und ein spritziger Musikteil B ab. Dieser Tempowechsel ist gut geeignet, um mit Kindern im A-Teil das Herstellen des Teiges darzustellen und im B-Teil gemeinsam die „Backschüssel“ zu symbolisieren und auf der Kreisbahn zu laufen.

Hinweis
Das Musikstück befindet sich auch auf der CD „Tanzen im Kindergarten“ (Nr. 4).

Stuhlkreis

- Alle sitzen im Kreis und hören die Musik. Sprechen Sie mit den Kindern darüber, was ihnen bei der Musik aufgefallen ist.
- Stellen Sie pantomimisch folgenden Ablauf dar. Die Kinder schauen zu oder machen gleich mit:

Plätzchentanz im Sitzen

Vorspiel:	Gemeinsam mit den Armen eine große „Backschüssel“ zeigen.
Teil A:	In jedem A-Teil eine Backzutat in die „Schüssel“ geben und den Teig kneten.
Teil B:	In jedem B-Teil „in einer Schüssel rühren“.

- Lassen Sie die Kinder den Handlungsablauf erraten.
- Tanzen Sie den Sitztanz mehrfach miteinander. Eventuell fallen den Kindern Alternativen ein.
- Sind die Kinder mit der Musik vertraut, verändern Sie die Bewegungen. (Auf diese Weise bereiten Sie bereits die Tanzbewegungen des 2. Bausteins vor).
  Teil A: Im Sitzen klatschen (patschen, stampfen oder andere Bewegungen).
  Teil B: Beide Unterarme umeinander drehen, evtl. gleichzeitig die Füße wechselweise anheben und wieder absetzen (auf der Stelle laufen).

- Ist das Geheimnis gelüftet, vergleichen und gegebenenfalls sortieren die Kinder die Nudelhölzer: „Wie viele sind alt oder neu, lang oder kurz, hell oder dunkel usw.?“
- Gemeinsam experimentieren alle mit den Nudelhölzern: Man kann sie beispielsweise schieben, drehen, klopfen, mit einem Finger, dem Ellenbogen u. a. Körperteilen anstoßen usw.

2. Baustein: Wir verwandeln uns in Nudelhölzer

Frei im Raum

- „Können wir unseren Zeigefinger (Fuß, Arm, beide Beine, die Zunge, Augen usw.) so drehen wie ein rollendes Nudelholz?“ „Können wir das auch mit dem ganzen Körper machen?“ Erforschen Sie mit den Kindern, welche Körperteile sie im Sitzen, Stehen oder Liegen drehen können. Alle tauschen durch Vor- und Nachmachen ihre Erfahrungen aus.
- „Heute haben wir besonders viel Teig vorbereitet und möchten eine große Fläche (z. B. so groß wie eine Turnmatte) ausrollen. Dafür rollen wir über eine große Turnmatte (oder von der einen Seite des Raumes zu der anderen).“ Lassen Sie die Kinder ausprobieren, wie sie über den Boden rollen können: Einige strecken ihre Arme lang über den Kopf, andere legen sie eng an den Körper oder beugen zwischendurch ihre Beine, um sich abzustoßen u. a.

- Die Kinder zeigen sich untereinander ihre Techniken und imitieren die der anderen.

■ Themenfeld: Wo sind die Plätzchenformen?

1. Baustein: Formen ertasten

Material: unterschiedliche Ausstechformen zum Plätzchenbacken (je nach Erfahrung der Kinder sind zum Ertasten zuerst deutlich erkennbare Formen wichtig, z. B. Stern, Halbmond, Tannenbaum, Herz); ein Tastsäckchen, ein Körbchen

Sitzkreis am Boden

- Schütteln Sie ein Tastsäckchen mit Plätzchenformen darin. „Was mag das sein?“ Nach den vorherigen Bausteinen werden die Kinder den Inhalt schnell deuten können. „Woran könnt ihr erkennen, dass es Ausstechformen sind?“ „Aus welchem Material sind sie?“ (Formen aus Kunststoff klingen anders als aus Metall.)

- Geben Sie das Säckchen mit den Ausstechformen darin herum. Die Kinder ertasten diese. Eventuell ist es notwendig, mit deutlich erkennbaren Formen, wie z. B. Stern, Halbmond, Tannenbaum und Herz, zu beginnen. Im weiteren Verlauf können Sie dann ungewöhnlichere und komplexere Formen, wie z. B. Weihnachtsmann, Schneemann, Engel, zum Ertasten herumgeben. Für unerfahrene Kinder legen Sie nur eine Form in das Säckchen.

- Nach einem Gespräch über das Ertastete zeigen Sie die Formen und die Kinder überprüfen ihre Wahrnehmung mit dem realen Inhalt.

2. Baustein: Formen mit dem Rücken erspüren

Sitzkreis und frei im Raum

- Stellen Sie in die Mitte des Kreises ein Körbchen oder einen anderen Behälter, in dem für jedes Kind eine Ausstechform liegt. Die Kinder halten ihren Rücken gerade und aufrecht, so als sei er eine „Tafel".
- Wischen Sie die „Tafel jedes Kindes" gründlich ab und malen sie dann eine der Plätzchenformen mit deutlichen Linien darauf. Das jeweilige Kind benennt die Form und holt sie sich aus dem Körbchen.
- *Variation:* Die Kinder malen sich untereinander Formen auf den Rücken.

3. Baustein: Formen wiedererkennen
Material: für jedes Kind mindestens ein Bleiband oder Rhythmikseil und Malutensilien
Medien: CD-Musik zum Stopptanzen

Frei im Raum

- Jedes Kind legt auf dem Boden mit einem Bleiband seine Plätzchenform und dann in die Mitte seine Ausstechform. Anschließend betrachten alle untereinander die gelegten Formen. Wer hat ein Herz, einen Stern oder Halbmond usw. gelegt?
- Die Kinder bewegen sich zur CD-Musik zwischen den gelegten Formen und stellen sich bei Musikstopp neben ihre Form.
- *Variation:* Halten Sie bei Musikstopp eine der Backformen hoch. „Wer hat diese Form gelegt?"

4. Baustein: Formen darstellen
Material: mehrere Plätzchenformen
Medien: CD-Musik zum Stopptanzen

Frei im Raum

- Die Kinder (eventuell Paare oder kleine Gruppen) probieren aus, eine Plätzchenform mit ihrem Körper darzustellen, wie z. B: Stern, Tannenbaum, Halbmond, Herz und andere. Alle erraten die jeweiligen Formen.
- Die Kinder tanzen zur CD-Musik. Bei Musikstopp rufen alle: „Bi, Ba, Bäcker, die Plätzchen schmecken lecker!" und stellen eine Ausstechform dar.
- Variation: Ein Kind entscheidet, welche Form dargestellt werden soll, und ruft bei Musikstopp: „Bi, Ba, Bäcker, (z. B.) die Sterne schmecken lecker!"
- *Variation:* Einige Kinder besprechen untereinander, welche Form sie jeder einzeln bei Musikstopp darstellen. Die zuschauenden Kinder rufen: „Bi, Ba, Bäcker, was schmeckt euch denn so lecker?" und deuten die Formen.
- *Variation:* Einige Kinder stellen bei Musikstopp gemeinsam eine Form dar.

2.3.3 Zum Ausklang

Kindgemäße „Massagen" zielen auf wohltuende Erfahrungen von Körperkontakt. Sowohl das massierende als auch das massierte Kind sollten diesen Körperkontakt als angenehm empfinden. Es ist wichtig, dass die Berührung behutsam und einfühlsam ausgeführt wird. Die Kinder können entscheiden, ob und wie sie sich berühren lassen wollen bzw. ob und wie sie andere berühren.
Kindern mit Gewalterfahrungen fällt es besonders schwer, sich abzugrenzen und „Nein" zu sagen. Stattdessen neigen sie dazu, die als unangenehm empfundenen Berührungen zu ertragen (vgl. auch Kapitel 2.5.3 „Zum Ausklang", *Themenfeld: Tasten, Spüren und Erkennen*, S. 122).

■ **Themenfeld: Plätzchenträume mit Genuss**

1. Baustein: Plätzchen auskühlen
Material: für jeweils zwei Kinder eine Decke, Matte o. Ä., um sich daraufzulegen; für jedes Kind mehrere Säckchen, die mit Bohnen, Sand oder anderen Materialien gefüllt sind; ideal sind Kirschkern- oder Buchweizenfüllungen, da sich diese erwärmen lassen
Medien: eine CD mit ruhiger Musik

Frei im Raum

- „Kommt das Blech mit den warmen Plätzchen aus dem Ofen, müssen sie auskühlen, um fest zu werden. Dafür legen wir sie auf eine Platte." Die Kinder bilden Gruppen zu viert. Ein Kind aus der Gruppe legt sich auf den Bauch. Sein Rücken oder die ganze Rückseite seines Körpers wird zu einer „Platte", auf der die Plätzchen auskühlen können. Die anderen Kinder verteilen mit leichtem Druck ihre „Plätzchen" (Säckchen) darauf. Sind die Plätzchen ausgekühlt, werden sie in eine „Dose" neben der „Platte" gelegt. Die „Platte" wird gründlich abgewischt. Danach wird die „Platte" ausgetauscht und der „Kühlprozess" wiederholt.

- Sie können die tiefensensorischen Erfahrungen der liegenden Kinder intensivieren, wenn Sie Säckchen verwenden, die mit Kirschkernen oder Buchweizen gefüllt sind. Diese werden vorher leicht erwärmt (Backofen circa 50°). Zusätzlich kann eine CD mit Entspannungsmusik die ruhige Atmosphäre unterstützen.

2. Baustein: Plätzchen verzieren

Frei im Raum

- „Jetzt (am nächsten Tag) sind die Plätzchen ausgekühlt. Nun können wir sie verzieren." Hierfür bilden die Kinder Paare. Eins von ihnen legt sich auf den Bauch. Das andere Kind „verziert" den Rücken des Liegenden: Es streicht beispielsweise dick Marmelade darüber, „streut" Rosinen, bunte Streuseln oder Puderzucker darauf und entwickelt weitere Ideen zur Rückenmassage.
- Die Kinder tauschen ihre Rollen.

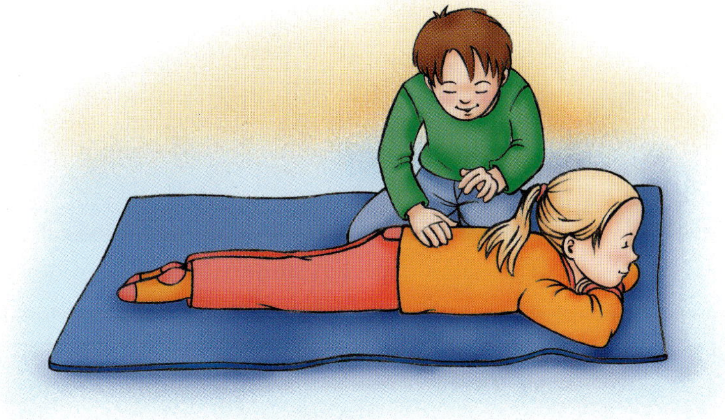

3. Baustein: Doppeldecker und Dreifachdecker

Frei im Raum

- „Besonders lecker schmecken Doppel- oder Dreifachdecker." In Paaren übernimmt ein Kind die Rolle des Plätzchens und das andere die des Bäckers. Die „Plätzchen" legen sich auf den Bauch. Die Bäcker streichen alle Plätzchen dick mit Marmelade oder Nugatcreme ein. Anschließend legen sich zwei oder drei Plätzchen aufeinander. Dabei achten die Bäcker darauf, dass die Plätzchen aufeinander liegen bleiben und nicht verrutschen. Sind alle Plätzchen verarbeitet, beenden die „Bäcker" ihr Werk, indem sie rufen:
  „Doppeldecker macht der Bäcker,Dreifachdecker, die sind lecker!"
- Die Kinder tauschen ihre Rollen.

■ Themenfeld: Duft, Licht und Wärme spüren

1. Baustein: Duftende Plätzchenträume

Material: verschiedene Gewürze (Zimt, Nelken, Anis u.a.) in kleinen Gefäßen, Apfelsinen, die mit Nelken dicht bespickt sind, frische Tannenzweige oder andere Gegenstände zum Riechen, wie z.B. Lebkuchen, eine Kerze aus Bienenwachs, eine Schale mit Mandarinen und Orangen; eine Kerze mit Kerzenhalter

Medien: eine CD mit Entspannungsmusik

Instrumente: eventuell eine Klangschale, eine Zimbel mit Schlägel oder ähnlich zart klingende Instrumente

Frei im Raum

- Wenn möglich, ist der Raum etwas abgedunkelt. Die Kinder liegen oder sitzen entspannt am Boden (eventuell auf einer Decke oder Matte) und es erklingt ruhige Musik von der CD. Die Gewürze und die anderen Materialien stehen geöffnet in der Raummitte. Erzählen Sie, dass nun alle Plätzchen fertig sind und die Verzierung nur noch trocknen muss. „Die Plätzchen freuen sich auf das Weihnachtsfest und schlafen ein. Im Traum hören sie sanfte Musik und riechen den Duft von feinen Gewürzen, frischen Mandarinen, Orangen, Tannenzweigen." Stimmen Sie die Gruppe so oder auf ähnliche Weise auf die nachfolgenden Übungen ein.

Sitzkreis

- Spielen sie sanft auf einem oder mehreren der oben angeführten Instrumente und regen Sie die Kinder an, sich langsam zu räkeln und munter zu werden. Alle kommen im Kreis zusammen, in dessen Mitte eine Kerze brennt. Geben Sie die kleinen Gefäße mit den Gewürzen herum und lassen sie die Kinder daran schnuppern. Um zu vermeiden, dass die Kinder aufgrund der Gruppengröße zu lange warten müssen, können sie mehrere Schälchen mit dem gleichen Gewürz herumreichen. Tauschen Sie sich mit der Gruppe über den Duft und den Inhalt der Schälchen aus. „Welches Gewürz riecht ihr besonders gern?"
- Geben Sie andere Gegenstände zum Riechen herum, wie z. B. Apfelsinen, die mit Gewürznelken dicht bespickt sind, frische Tannenzweige o. Ä. „Welches ist euer Lieblingsduft?" Machen Sie den Kindern bewusst, dass Lieblingsduft etwas sehr Individuelles und damit oft sehr unterschiedlich ist.

2. Baustein: Kerzenlicht (vgl. Quante, 2008, S. 114 f.)
Material: Untertassen und Teelichte

Sitzkreis

- Wenn möglich, ist der Raum abgedunkelt. Die Kinder sitzen im Kreis. Vor jedem Kind brennt auf einer Untertasse ein Teelicht. Sprechen Sie mit den Kindern über den sicheren Umgang mit brennenden Kerzen. Was ist zu beachten?
- Da Sie kein Licht vor sich stehen haben, suchen Sie sich ein Kind aus, das Ihnen sein Licht bringen soll: „Bei mir ist es so dunkel..."Name" ..., bring' mir Licht." Das angesprochene Kind steht auf und stellt seine Untertasse mit dem Teelicht vor Ihnen hin. Es setzt sich wieder auf seinen Platz und bittet jetzt ein anderes Kind, ihm sein Licht zu bringen, usw.

3. Baustein: Wärme spüren
Material: vgl. 2. Baustein

Sie müssen selbstverantwortlich entscheiden, ob Sie diesen Baustein mit Ihrer Gruppe durchführen möchten.

Sitzkreis am Boden

- Tauschen Sie sich nochmals mit den Kindern über den sicheren Umgang mit brennenden Kerzen aus. „Ihr könnt Kerzenlicht alle sehen. Was müsst ihr machen, damit ihr es auch spürt? Probiert vorsichtig mit euren Händen aus, ab wann ihr etwas spürt."
- „Was spürt ihr?" Die Kinder beschreiben ihre Erfahrungen. „Wie nah könnt ihr mit der Hand an das Licht heran, damit die Wärme angenehm ist?" „Was ist bei diesem Spiel gefährlich?" „Ist es ein Unterschied, ob ihr eure Hand neben oder über die Kerze haltet?" Usw.

2.4 Winter

Der Winter mit Schnee, Eis und Kälte bietet viele Themen zum erlebnisreichen Lernen. Die Kinder freuen sich an den ersten Schneeflocken. Der Schnee weckt bei ihnen die Lust zum Toben, Rutschen, Darin-Rollen, Werfen und Fangen von Schneebällen, Bauen eines Schneemanns u.v.m. Mit diesen Bewegungsspielen machen sie Erfahrungen, die weit über den motorischen Bereich hinausgehen. Sie können diese mit den nachfolgenden Themenfeldern erweitern und vertiefen.

Die Übungen bieten Beispiele zur szenisch-tänzerischen Darstellung von Schneeflocken und Eiszapfen. Rhythmisierte Sprache, Musik und Material regen dabei sowohl die Ausdrucksfreude als auch die Bewegungs-, Sinnes- und Körpererfahrungen der Kinder an.

Übersicht

2.4.1 Zur Einstimmung

- Themenfeld: Anregungen zu einem Gespräch
- Themenfeld: Spaß mit Versen und einem Gestenspiel

2.4.2 Bewegungsangebote

- Themenfeld: Wahrnehmungsspiele mit Schneeflocken
- Themenfeld: Schneeflocken tanzen
- Themenfeld: Schneeklänge
- Themenfeld: Wir toben im Schnee

2.4.3 Zum Ausklang

- Themenfeld: Tauwetter

2.4.1 Zur Einstimmung

■ **Themenfeld: Anregungen zu einem Gespräch**

1. Baustein: Draußen ist es bitterkalt

Spaziergang

– Sollte das Wetter es ermöglichen, gehen Sie mit den Kindern auf eine Entdeckungstour im Schnee. Vielleicht haben Sie Glück und können die vielfältigen Qualitäten von Schnee erforschen: Schnee kann pulvrig, matschig, weich, hart, backig usw. sein. Bei Sonnenschein können Sie nach funkelnden Schneekristallen, in denen die Sonnenstrahlen blitzen, suchen. Wie beeinflusst der Schnee die Geräusche in der Umgebung? Manchmal dämpft Schnee Geräusche, manchmal klingen sie sogar lauter. Lauschen Sie mit den Kindern auf vorbeifahrende Autos, auf Menschenstimmen oder Schritte. „Wie klingen unsere Schritte im Schnee?" Bei starkem Frost knirschen oder im Schneematsch „platschen" sie. Im Pulverschnee hört man sie vielleicht gar nicht. „Wie riechen die Luft, das Eis und der Schnee?" „Könnt ihr die Schneeflocken mit den Händen, der Nasenspitze oder mit dem Mund fangen?"

2. Baustein: Erlebnisse im Schnee

Sitzkreis

– Falls möglich, knüpfen Sie mit einem Gespräch an die Erlebnisse der Kinder im Schnee an. Sollte das Wetter keinen Anlass zu solchen Gesprächen bieten, thematisieren Sie den „Winter" mithilfe von Bildern oder Büchern (vgl. z. B. van't Hoff und Gosens, 2004, S. 49 ff.) mithilfe eines Rätsels oder von Versen (s. u.). Manche Kinder haben noch nie Eiszapfen gesehen. Diese können Sie durch Abbildungen verdeutlichen. Alternativ malen Sie auf Fotokarton Wintermotive, wie z. B. schneebedeckte Berge, Bäume, Häuser, Schneemänner, Schlitten sowie Eiszapfen an Dächern hängend usw.
– Beispiele für Fragen könnten sein: „Wie können wir Schneeflocken fangen?" „Was geschieht dann mit ihnen?" „Warum bleiben sie am Boden liegen und nicht auf der Stirn?" „Warum schmelzen Eis und Schnee?" „Wie entstehen Eiszapfen? Warum bilden sie sich an Dächern?" „Welche Spiele im Schnee machen euch besonders viel Spaß?" „Zeigt mit euren Händen sanft tanzende Schneeflocken (Schneestürme, lange oder kurze Eiszapfen usw.)."

3. Baustein: Winter-Gedächtnisspiel erstellen

Material: für jedes Kind 2 Karten (z. B. aus Fotokarton), die quadratisch, circa 8 x 8 cm, oder rechteckig in Postkartengröße, circa 15 x 10 cm sind, Malstifte

Sitz an Tischen

- Gestalten Sie mit den Kindern ein Gedächtnisspiel mit Bildmotiven, wie z. B. einen Schneemann, Eiszapfen, Schneeflocken, kahle Bäume usw. Besprechen Sie mit den Kindern, wer welches Motiv malen möchte.
- Geben Sie jedem Kind zwei Karten, auf die es jeweils das gleiche Motiv zeichnet oder malt. Lassen Sie die Kinder ihre individuelle Malweise verwirklichen, die ein Ausdruck ihrer Fantasie und ihres Entwicklungsstands ist. Lediglich die Ähnlichkeit beider Motive sollte erkennbar werden.
- Betrachten Sie mit den Kindern alle Karten. Gegebenenfalls erzählen einige etwas zu ihren Bildmotiven.

4. Baustein: Winter-Gedächtnisspiel spielen

Material: so viele Kartenpaare, dass jedes Kind nur eine Karte bekommen kann (nach einigen Wiederholungen des Spiels verwenden Sie einfach die andere Hälfte der selbst angefertigten Gedächtnisspiel-Karten, vgl. 3. Baustein)

Sitzkreis am Boden

- Betrachten Sie evtl. noch einmal mit der Gruppe die Kartenpaare. Drehen Sie nun alle um und mischen sie sie. Die Kinder ziehen reihum eine Karte. Veranschaulichen Sie das Spiel, indem Sie sich zu Anfang selbst in die Mitte des Kreises stellen und ein Bildmotiv nennen. Die beiden Kinder, die diese Kärtchen haben, tauschen so schnell wie möglich ihre Plätze. Versuchen Sie, sich auf einen der freien Stühle zu setzen. Das übrig gebliebene Kind stellt sich in die Mitte und das Spiel geht weiter. (Weitere Anregungen vgl. *Themenfeld: Erlebnisse im Frühling,* 3. Baustein: Frühlings-Gedächtnisspiel, S. 111)

5. Baustein: Rätsel

Sitzkreis

- Folgendes Rätsel bietet Anlass zu Gesprächen, wie z. B. „Welche Farbe hat Kreide (Flaum, Seide, Schaum)?" „Wo bildet sich weißer Schaum?" „Wie fühlen sich Flaum (Seide, Schaum) an?" Usw.

> **Rätsel** (Arndt/Singer, 1980, S. 196)
> *„Weiß wie Kreide,*
> *leicht wie Flaum,*
> *weich wie Seide,*
> *feucht wie Schaum."*
> *(Die Schneeflocke)*

- Auch nachfolgende Rätsel können Anlass zu einem Gespräch über den Schnee geben. Erzählen Sie es ausdrucksvoll und mit Gesten.

1. Rätsel

Text	*Bewegungsvorschlag*
Draußen ist ein groß' Gewimmel,	*Finger tanzen in der Luft,*
was fällt da vom Himmel?	*Hände fragend nach oben strecken,*
Will uns schnell nach draußen locken, die …	*patschen.*

2. Rätsel

Text	*Bewegungsvorschlag*
Sinkt still und sanft	*Beide Hände sinken langsam,*
wie eine Fee,	*Hände lautlos auf den Oberschenkeln ablegen.*
das ist der …	*patschen.*

■ Themenfeld: Spaß mit Versen und einem Gestenspiel

1. Baustein: Schneeflocken fallen

In diesen Versen bekommen Sprache und Bewegung durch den 6/8-Takt eine sanfte Schwingung, die dem weichen Charakter von Schneeflocken entspricht.
Mithilfe dieser Verse können Sie sowohl die Körperwahrnehmung und Begriffsbildung der Kinder als auch Gespräche über den Winter anregen.

– Sprechen Sie nachfolgenden Vers und untermalen Sie den Text mit Gesten. Die Kinder machen gleich mit.

Sitzen im Kreis

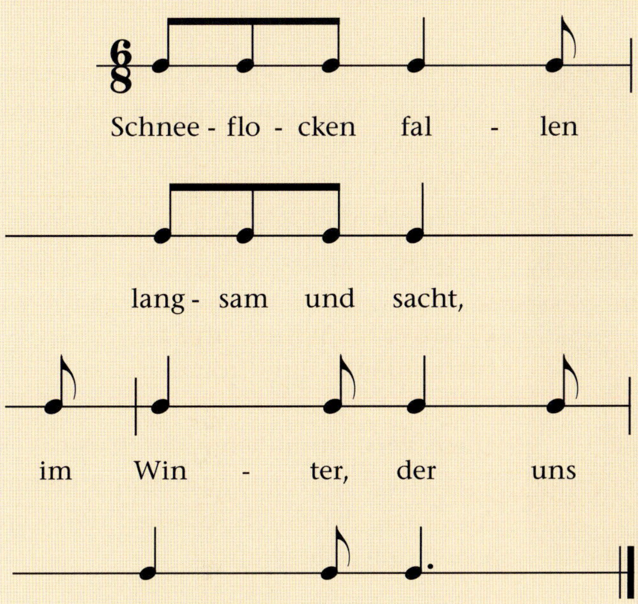

Text	*Vorschlag für Gesten*
Schnee - flo - cken fal - len	*Finger „tanzen" sanft*
lang - sam und sacht,	*von oben nach unten,*
im Win - ter, der uns	*1 x auf die rechte, 1 x auf die linke Hand klatschen,*
Freu - de macht.	*beidhändig patschen, klatschen.*

– Ist den Kindern der Vers bekannt, können Sie ihn verändern, z. B.:

Schneeflocken fallen	*S. o.*
langsam und sacht,	
sie ***tanzen*** in der Winternacht.	*Die Arme schwingen hin und her.*

– Haben die Kinder Text und Bewegungsablauf gelernt, ersetzen Sie das Verb *tanzen* durch andere *Bewegungen*, wie z. B. sinken, wirbeln, schmelzen u. a. Entsprechend werden die Gesten geändert.
– Erfinden Sie mit den Kindern weitere Variationen.

Beispiel:

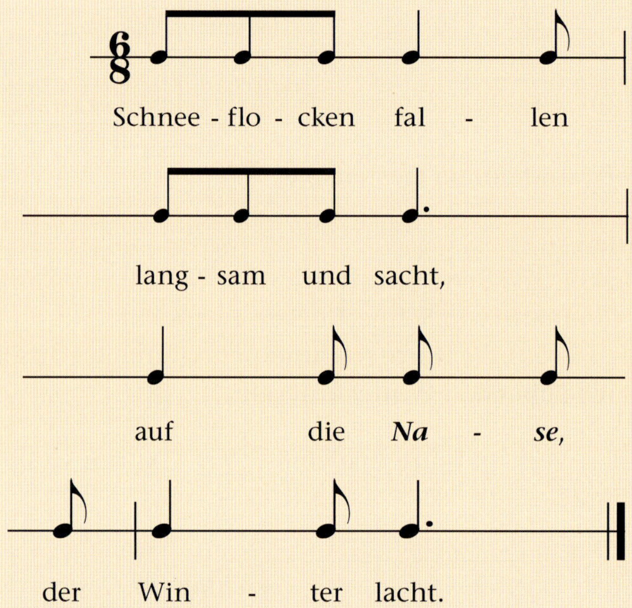

S. o.

Auf die Nasenspitze tippen.

– *Variation:* Bei Wiederholung tauschen Sie *die Nase* durch andere *Körperteile* aus, wie z. B. das Knie, die Stirn, den Fuß u. a.
– Erfinden Sie mit der Gruppe weitere Verse.

2. Baustein: Schnee und Eis
Instrumente: eine Trommel

Diese Verse stimulieren durch den 4/4-Takt einen kräftigen und akzentuierten Ausdruck, der durch Patschen und Klatschen unterstützt wird.

Text	***Bewegungsvorschlag***
Schnee und Eis	*1 x patschen, 1 x klatschen,*
glitzern weiß,	*s. o.,*
Eis und Schnee,	*s. o.,*
wir frier'n, oh weh!	*zittern.*

- Fragen Sie die Kinder nach Bewegungen, mit denen sie sich erwärmen können. Greifen Sie die Vorschläge der Kinder auf, wie z. B. *hüpfen*, und fügen Sie die nächsten beiden Verszeilen dem Spruch hinzu: *Kreis*

Text	***Bewegungsvorschlag***
Draußen ist es bitterkalt,	*Sich vor Kälte schütteln,*
wir hüpfen durch den Winterwald!	*hüpfen auf der Stelle.*

- „Reicht das schon zum Aufwärmen?" Oder: „Mir ist noch immer kalt! Wie können wir uns sonst noch durch den Wald bewegen?" Die Kinder finden weitere Bewegungsmöglichkeiten und setzen diese um, z. B. stampfen, auf der Stelle springen, hampeln usw.
- *Variation:* Im Anschluss an jeden Vers hüpfen, laufen usw. die Kinder im Raum und Sie begleiten das Bewegungstempo auf einer Handtrommel.

3. Baustein: Frau Holle in dem Winterhaus (Text: mündlich überliefert)

- Fragen Sie die Kinder, ob sie Frau Holle kennen, und stellen Sie aus den Antworten die erforderlichen inhaltlichen Bezüge zu dem Märchen her. Sollte Frau Holle in der Gruppe weitgehend unbekannt sein, ist zu überlegen, ob Sie das Märchen vorlesen. *Kreis*
- Kehren Sie zum Thema „Winter und Schnee" zurück, indem Sie den Text ausdrucksvoll vortragen und die vorgeschlagenen Bewegungen gleichzeitig ausführen.

Text	***Bewegungsvorschlag***
Frau Holle in dem Winterhaus guckt aus dem Wolkenfenster raus.	*Mit einer Hand über den Augen in alle Richtungen schauen.*
„Was seh' ich unten? Weit und breit hat es schon lang nicht mehr geschneit.	*Beide Hände empört in den Hüften halten und mit dem Kopf schütteln.*

Drum schüttle ich die Betten aus.“ Da rieseln Flocken sacht heraus.	*„Betten“ kräftig schütteln, Finger „tanzen“ sanft von oben nach unten.*
Auf Wiesen, Wege, auf das Gras, auch auf das Ohr vom kleinen Has’.	*Arme ausbreiten, Hasenohren zeigen.*
und nicht zuletzt auf – deine Nas’.	*Auf Nasenspitze tippen.*

– Die Kinder lernen den Text und die Bewegungen durch wiederholtes Vortragen.

2.4.2 Bewegungsangebote

Fallende Schneeflocken können Kinder begeistern und faszinieren. Ganz gleich, ob die Flocken dicht umeinanderwirbeln, zart rieseln, klein oder groß sind, sie kommen immer lautlos zur Erde. Der Schnee legt sich weich anmutend auf Bäume, Sträucher und Pflanzen oder bildet manchmal „Pudelmützen“ auf Pfählen oder Dächern. Er vermag dem kargen und dunklen Winter Helle und Leichtigkeit zu vermitteln. Schneelandschaften lassen oft Gefühle von Ruhe und Frieden aufkommen. Frost, Eisregen und Schneegestöber bringen schneidende Kälte. Sie fordern beim Aufenthalt im Freien zu vitalen und schnellen Bewegungen auf, damit die Hände oder Füße nicht vor Kälte erstarren.

Die nachfolgenden Themenfelder knüpfen an diese Charaktereigenschaften des Winters an. Sie fordern die Kinder heraus, ihre Dynamik und Kraft auf vielfältige Weise zu steuern und sensibel zu dosieren. So tanzen und fallen sie z. B. wie Schneeflocken schnell und gleichzeitig sanft, wirbeln dynamisch und gleichzeitig (fast) lautlos, erstarren zu fantasievollen Eiskristallen oder langen, spitzen Eiszapfen usw.

■ Themenfeld: Wahrnehmungsspiele mit Schneeflocken

Tipp

Sammeln Sie Watte, die z. B. als Verpackungsmaterial verwendet wird. Ebenso ist auch ungesponnene Wolle geeignet, die Sie in einer Spinnerei bekommen.

Wattebäusche sind ähnlich leicht wie Schneeflocken. Sie eignen sich gut für taktile, feinmotorische Aufgaben und für Atemübungen. Der Umgang mit den Wattebäuschchen verlangt von den Kindern Behutsamkeit und Aufmerksamkeit.

1. Baustein: Wattebäusche wandern im Kreis

Material: ein weißer Wattebausch

Sitzkreis

- Verstecken Sie einen Wattebausch in Ihren geschlossenen Händen und lassen Sie diesen „unsichtbar“ in die Hände eines Kindes fallen, das dies Spiel mit dem Nachbarkind fortsetzt.
- Wenn der Wattebausch wieder bei Ihnen gelandet ist, fragen Sie die Kinder, was sie gerade weitergegeben haben.
- *Variation:* Ein Kind balanciert den Wattebausch auf der offenen Hand zu einem Kind seiner Wahl usw.

- *Variation:* Ein Kind pustet den Wattebausch zu seinem Nachbarn. Der Nachbar pustet den Wattebausch zurück usw.

2. Baustein: Experimentieren und Üben

Papierschnipsel aus Seiden- oder Toilettenpapier sind ähnlich leicht wie Wattebäusche und lassen sich ebenso mit der Vorstellung von „Schneeflocken“ verbinden.

Material: für jedes Kind ein Wattebausch, einige Bögen helles Seidenpapier oder Rollen aus weißem Toilettenpapier, ein größeres Tuch (circa 1 x 1 m, möglichst in Weiß), mehrere kleinere Tücher, ein Triangel als Klangsignal

Enger Kreis

- Pusten Sie mehrere ganz leichte Wattebäuschen in die Runde. Die Kinder versuchen, diese zu fangen, und entdecken weitere Spielmöglichkeiten, wie z. B. werfen und mit verschiedenen Körperteilen auffangen, am Boden auf dem Bauch liegend einander zupusten, auf unterschiedlichen Körperteilen balancieren usw.

- Ähnliche Übungen können Sie mit Papierschnipseln, die die Kinder aus Seidenpapier oder weißem Toilettenpapier reißen, durchführen.

Frei im Raum

- Breiten Sie ein Tuch am Boden aus. Einige Kinder pusten ihren Wattebausch oder mehrere Papierschnipsel auf das Tuch und tragen es so, dass die „Schneeflocken“ nicht hinunterfallen. Dabei heben und senken sie das Tuch oder gehen langsam durch den Raum. Auf ein Zeichen (z. B. Triangelschlag) übernehmen andere Kinder das Tuch.
- *Variation:* „Könnt ihr die Schneeflocken so vorsichtig auf dem Tuch tanzen lassen, dass sie nicht hinunterfallen?“
- *Variation:* Sprechen Sie folgenden Spruch mit den Kindern, an dessen Ende sie die Schneeflocken hochfliegen lassen:
  Die Flocken bleiben liegen,
  jetzt werden sie gleich fliegen.
- Verteilen Sie weitere Tücher, sodass die Kinder zu Paaren den Ablauf gemeinsam durchführen.

3. Baustein: Schneeflocken fallen
Material: für jedes Kind mindestens ein Wattebausch

Kreis

- „Wenn es schneit, bleiben manchmal Schneeflocken auf unserer Kleidung liegen." Die Kinder legen oder „hängen" ihren Wattebausch an ihre Kleidung und versuchen, sich so behutsam zu bewegen, dass die „Schneeflocke" nicht abfällt.

Frei im Raum

- Einige Kinder werden mit mehreren Wattebäuschen „behängt" und bewegen sich so (tanzen, drehen usw.), dass alle „Schneeflocken" abfallen.

Kreis

- Ein Kind sitzt in der Kreismitte. Die Gruppe lässt es schneien, indem alle auf ein Zeichen (Triangel o. Ä.) ihren Wattebausch hoch über das Kind werfen.
- *Variation:* Das Kind in der Mitte schließt seine Augen.

■ Themenfeld: Schneeflocken tanzen

1. Baustein: Wie tanzen Schneeflocken?
Material: für jedes Kind ein oder zwei helle Chiffon- oder Seidentücher und zwei oder mehr Wattebäusche

Frei im Raum

- „Können wir sanft fallende oder wild wirbelnde Schneeflocken hören?" „Wir versuchen, uns so lautlos wie Schneeflocken zu bewegen." Die Kinder gehen, laufen, drehen sich usw.
- „Wir verwandeln uns jetzt in Schneeflocken, die sanft zu Boden gleiten. Pustet eure Wattebäusche hoch in die Luft und sinkt gleichzeitig mit ihnen nach unten." „Könnt ihr auch so lautlos und weich landen wie eure Schneeflocken?"

- „Können wir uns wie Schneeflocken bewegen? Manchmal rieseln sie nach unten, manchmal wirbelt sie der Wind." Alle probieren aus: weiche, fließende Bewegungen, Drehungen, sanftes Gleiten zum Boden, Tupfen, Wirbeln u. v. m. Geben Sie eventuell Anregungen.
- Verteilen Sie die Tücher. Sie unterstützen den schwebenden und sanften Charakter der Bewegungsformen.
- Einige Kinder tanzen vor und die anderen imitieren.

2. Baustein: Eine Schneeflockengeschichte tanzen
Material: für jedes Kind ein oder zwei helle Chiffon- oder Seidentücher

Frei im Raum

- Erfinden Sie eine Geschichte mit den aufregenden Erlebnissen von Schneeflocken. Die Kinder improvisieren dazu im Raum: Manchmal tanzen nur einige oder dann auch viele Flocken, sie sinken allmählich zu Boden, bilden dort eine ruhige, weiche weiße Schneedecke oder wirbeln wild durch die Luft, ruhen sich aus usw. In der Geschichte sollte es viele Kontraste geben, um die Kinder zum Hochspringen, Laufen, langsamen Sinken, Hüpfen, Drehen, am Boden-Rollen usw. anzuregen. Am Schluss erstarren alle zu bizarren Eisfiguren.

3. Baustein: Die Schneeflocken tanzen zur Musik
Material: für jedes Kind ein oder zwei helle Chiffon- oder Seidentücher
Medien: Musikstück „Schneeflocken tanzen", zum Herunterladen im Internet, Track 7

Frei im Raum

- Alle Kinder sitzen oder liegen. Hören Sie mit den Kindern die Musik. Eventuell erzählen Sie zur Musik „eine Schneeflockengeschichte". Orientieren Sie sich dabei am Charakter, den Klangfarben und der Dynamik des Musikstückes.
- Fragen Sie die Kinder nach dem Verlauf der Musik, wie z. B.: „Habt ihr gehört, wann wenig oder viele Flocken fallen?"
- Hören Sie noch einmal die Musik. Dazu verdeutlichen alle die tanzenden Schneeflocken, indem sie das Tempo und die Dynamik mit ihren Händen umsetzen. Je dynamischer die Musik erklingt, desto ausladender werden die Gesten. Erfinden Sie mit den Kindern zu den sanften und zarten Klängen behutsame und feine Bewegungen mit Händen oder Fingern.

- Eventuell überlegen Sie mit der Gruppe, wie dieser Tanz aussehen soll: Tanzen alle gleichzeitig oder beginnen erst einige (wer?), wirbelt der Schneesturm überall oder kommt er aus einer Ecke des Raumes und breitet sich aus (wohin?)? Wie geht es dann weiter?
- Die Kinder tanzen zur Musik mit den Tüchern als Schneeflocken.
- *Variation:* Einige Kinder tanzen vor und die anderen schauen zu.

Tipp
Die Kinder haben mehr Bewegungsfreiheit, wenn die Tücher an den Handgelenken befestigt werden (statt sie mit den Händen zu greifen).

Themenfeld: Schneeklänge

In diesem Themenfeld werden die Kinder zum Lauschen von zarten und leisen Klängen angeregt. Im Wechsel damit können sie ihre Fantasie und vitale Ausdrucksfreude entfalten.

1. Baustein: Klingende Schneeflockenträume
Material: für die halbe Gruppe ein oder zwei helle Chiffontücher
Instrumente: für die halbe Gruppe ein oder zwei kleine Glöckchen, die an einem Band befestigt sind, oder Glockenbänder

Frei im Raum

- Stimmen Sie die Kinder ein, indem Sie von Schneeflocken erzählen, die sich manchmal auf Bäumen und Sträuchern ausruhen. „Dabei träumen sie von zarten Klängen."
- Die halbe Gruppe verteilt sich als Bäume und Sträucher im Raum. Die Baum- und Strauchkinder stehen oder sitzen. Sie halten die Glöckchen und formen ihre Arme zu Ästen und Zweigen. Die Schneeflockenkinder wirbeln und tanzen zwischen den Bäumen und Sträuchern. „Sie sehnen sich danach, ihre Traumklänge zu hören." Berühren die Schneeflockenkinder mit ihren Chiffontüchern die Baum- und Strauchkinder, lassen diese die Glöckchen zart erklingen.
- *Variation:* Die Baum- und Strauchkinder schließen ihre Augen.

Tipp

Manchmal bewegt der Wind die Äste und Zweige. So können die Baum- und Strauchkinder zwischendurch ihre erstarrten Arme lockern.

2. Baustein: Woher kommt der Klang?
Material: helle Chiffontücher für die halbe Gruppe
Instrumente: mehrere kleine Glöckchen

Frei im Raum

- Die Kinder lauschen noch einmal den zarten Glöckchen. Dafür halten Paare gemeinsam ein Chiffontuch, auf dem zuerst ein dann eventuell mehrere Glöckchen liegen. Die Paare bewegen das Tuch am Platz, sodass die Glöckchen erklingen, aber nicht hinunterfallen.
- *Variation:* Die Paare bewegen sich gleichzeitig durch den Raum.
- *Variation:* Nur ein Paar führt die Übung aus. Die anderen Kinder liegen am Rand des Raumes auf dem Bauch (eventuell mit geschlossenen Augen) und zeigen mit ihren Armen in die Richtung des Klanges.
- *Variation:* Die Kinder „zeigen" mit einem Bein in die Richtung des Klanges.

3. Baustein: Die Schneemacher kommen
Material: Chiffontücher, ein Schaumstoffball, für jedes Kind eine Teppich- oder Sportfliese, um sein Instrument lautlos darauflegen zu können, eventuell eine weitere Unterlage, um am Boden zu sitzen
Instrumente: für jedes Kind ein zart und silbrig klingendes Instrument, wie z. B. Triangel, Zimbel und Becken mit Schlägel, Glöckchen, Schellen, Flaschen, Gläser u. a.

Sitzen im Kreis

- Setzen Sie sich mit den Kindern in einen Kreis. Vor jedem Kind liegt auf einer Teppich- oder Sportfliese ein Instrument. „Probiert mit eurem Instrument, Schneeflockenklänge zu spielen!"
- Dirigieren Sie den Ablauf mit Ihren Händen und besprechen Sie ein deutlich erkennbares Stoppzeichen, wie z. B. beide Hände hochhalten.

- Außen um den Kreis läuft ein Kind als Schneemacher. Berührt es mit seinen Chiffontüchern eine Schneeflocke (d. h. ein Kind im Kreis), lässt dieses zarte Schneeflockenklänge erklingen. Je mehr Kinder der Schneemacher berührt, desto „kräftiger schneit es", d. h. desto mehr Kinder spielen Schneeklänge. Anfangs rieselt der Schnee sacht und sanft, allmählich entwickelt sich ein Schneesturm. Auf Ihr Zeichen rufen alle:
  „Wirbu, Warbu, Warbulee, wir stoppen jetzt den Schnee!"
  Gleichzeitig stoppen alle ihr Spiel. Nun übernimmt ein anderes Kind die Rolle des Schneemachers.
- *Variation:* Zusätzlich läuft ein Kind als Schneestopper um den Kreis. Streicht es mit einem Schaumstoffball über den Rücken einer „Schneeflocke", beendet diese ihr Spiel.
- Ein Kind steht auf einem Stuhl und wirft viele Schnipsel aus Seidenpapier in die Luft. Die anderen Kinder begleiten so lange mit ihren Instrumenten, bis die „fallenden Schneeflocken" am Boden liegen.

■ Themenfeld: Wir toben im Schnee

Viele Kinder toben gern. Ihr Bedürfnis nach vitalem und kraftvollem Bewegungsausdruck können sie in einer Schneeballschlacht (ähnlich wie in einer Kissenschlacht) auskosten. Nachfolgende „Spiele im Schnee" verbinden spontanen Bewegungsausdruck mit Wahrnehmungsübungen, sodass die Kinder gleichzeitig ihre Fähigkeit zur Aufmerksamkeit und zielorientierten Handlung schulen. Dies gibt ihnen die Möglichkeit, sowohl Aktivität als auch Ruhe zu erleben.

1. Baustein: Wir machen eine Schneeballschlacht

Material: für jedes Kind mehrere Bögen Zeitungspapier, viele Wattebäusche, Schaumstoffbälle o. Ä., einen Korb oder Karton, Klebeband, evtl. eine Zauberschnur, eine Teppich- oder Sportfliese oder andere Platzmarkierungen

- Die Kinder formen aus Zeitungspapier Schneebälle und bewerfen sich damit. *Frei im Raum*
- *Variation:* Teilen Sie den Raum mit einer Zauberschnur oder mit Klebeband in zwei Hälften, in denen sich je die halbe Gruppe verteilt. In jeder Hälfte befinden sich gleich viel „Schneebälle". Die Kinder werfen auf die Gruppe der gegenüberliegenden „Wiese". Ziel kann es sein, möglichst viele Kinder zu treffen oder möglichst wenig „Schneebälle" in der eigenen Hälfte zu haben. Beenden Sie das Spiel, indem Sie ein Zeichen (z. B. Triangelschlag oder Schwingen eines roten Tuches o. Ä.) zum Einsammeln der „Schneebälle" geben.

- *Variation:* Alle sammeln die „Schneebälle" nicht mit den Händen ein, sondern z. B. nur mit den Füßen oder den Ellenbogen. Entdecken Sie mit den Kindern weitere Möglichkeiten des Einsammelns.
- Kennzeichnen Sie z. B. mit Klebeband oder Teppichfliesen mehrere „Eisschollen", auf denen jeweils gleich viele „Schneebälle" liegen. Die Kinder verteilen sich auf die „Eisschollen", bewerfen sich von dort aus mit den Schneebällen und versuchen, einige zu fangen. Sie dürfen nicht in das „eisige Wasser" fallen oder springen. Dann erstarren sie vor Kälte und können nicht mehr mitspielen.
- *Variation:* Sind die Kinder darin geübt, nicht über den Rand der „Eisscholle" zu treten, kann diese allmählich verkleinert werden.

Tipp

Die „Eisschollen" sollten am Anfang so groß sein, dass die Kleingruppe sich darauf gut bewegen kann.

2. Baustein: Von Schnee bedeckt

Material: für jedes Kind viele Bögen Zeitungspapier, viele „Schneebälle" aus Zeitungspapier

Frei im Raum

- Nach einer wilden Schneeballschlacht ruhen sich einige „im Schnee" aus. Dafür liegen einige Kinder am Boden und die anderen decken sie mit Zeitungsbögen zu. „Wie fühlt sich das an?" Lenken Sie die Wahrnehmung auf die leichten und etwas wärmenden Wirkungen der Zeitungsdecke.

- Am Ende der Ruhephase schütteln sich die liegenden Kinder ohne Hilfe ihrer Hände von der Zeitungsdecke frei.
- *Variation:* Ein Kind liegt auf seinem Rücken oder Bauch. Die anderen bedecken es mit vielen Schneebällen. „An welchen Stellen deines Körpers kannst du die Schneebälle spüren?"

2.4.3 Zum Ausklang

■ Themenfeld: Tauwetter

Im Mittelpunkt dieses Themenfeldes stehen Spiele und Übungen, die den Wechsel zwischen Anspannung und Entspannung fokussieren. Die Kombination dieser beiden Pole ermöglicht Kindern, in spielerischer Form Aktivität und Ruhe zu erleben bzw. deren Unterschied bewusst zu erfahren. Die Übungen helfen ihnen, Spannungen abzubauen.

1. Baustein: Wir erstarren zu Eiszapfen und Eisfiguren
Medien: eine CD zum Stopptanzen

Kreisbahn

- „Unser Arm wird zu einem langen und harten Eiszapfen." Alle probieren aus, welche Körperteile wie „Eiszapfen" erstarren können. Achten Sie darauf, dass die Kinder sowohl kleine Körperteile, wie z. B. einzelne Finger, als auch große Körperteile, wie z. B. ein Bein mit dem Fuß, anspannen.
- „Können wir auch mit dem ganzen Körper lang und fest wie ein Eiszapfen werden?" Alle probieren aus. Dabei stehen die Eiszapfen oder liegen am Boden.
- Einzelne Kinder machen vor und die anderen imitieren.
- Kleine Gruppen stellen Eiskristalle dar.
- „Nun verwandeln wir uns in gespenstische Eisfiguren." Regen Sie die Gruppe an, fantasievoll in ungewöhnlichen Körperhaltungen zu erstarren.
- Alle tanzen zur Musik und stellen bei Musikstopp immer wieder andere Eisfiguren dar. Diese können am Boden, hoch nach oben gestreckt, breit im Raum, krumm, schief, gerade, verdreht usw. verharren.
- *Variation:* Die Gruppe tanzt auf der Kreisbahn und ein Kind innerhalb des Kreises. Bei Musikstopp verwandelt sich dieses in eine Eisfigur, die alle imitieren.
- *Variation:* Kleine Gruppen erstarren zu einem Schneekristall.

2. Baustein: Eisfiguren tauen auf
Material: für die Hälfte der Gruppe „Zauberstäbe" (kleine Stäbe, Papprollen o. Ä.)
Medien: eine CD zum Stopptanzen, eine CD zur Entspannung
Instrumente: Metallofon oder ein anderes Instrument mit weichem Klangcharakter, ein Paar Klanghölzer oder ein ähnlich hart klingendes Instrument

Frei im Raum

- „Was geschieht mit den Eiszapfen, wenn sie schmelzen?" Sie werden langsam kleiner und lösen sich ganz auf. „Unsere Arme sind feste Eiszapfen. Jetzt schmelzen sie, werden weich und schlaff." Ebenso probieren die Kinder, andere Körperteile an- und abzuspannen.

- Die Kinder tanzen zur CD-Musik und erstarren bei Musikstopp zu fantasievollen Eisfiguren. Bei Musikstopp kommen einige Eisfeen oder Eiskönige (Kinder). Sie berühren mit ihren Zauberstäben nach und nach die Körperteile der Eisfiguren: erst den Kopf, dann die Schultern, Arme, den Rücken usw. Die Eisfiguren beginnen an den berührten Stellen zu „schmelzen", werden weich und beweglich, bis sie als Wasserpfützen am Boden liegen. Erklingt die Musik, tanzen wieder alle.
- *Variation:* Improvisieren Sie in der Musikpause auf dem Metallofon oder einem anderen weich klingenden Instrument ruhige, „schmelzende Klänge", zu denen die Eisfiguren sehr langsam auftauen.
- *Variation:* Alle Kinder sind Eisfiguren, die steif und starr am Boden liegen. Spielen Sie eine CD mit Entspannungsmusik und nennen Sie nacheinander die Körperteile, die die Kinder „auftauen" und somit entspannen.

- Die Kinder liegen am Boden. Sie lassen nacheinander einzelne Körperteile zu Eiszapfen erstarren: z. B. zuerst ein Bein, dann das andere, einen Arm usw. bis der ganze Körper schmal und starr wie ein Eiszapfen ist. Nun schmelzen alle Eiszapfen wieder langsam.
- *Variation:* Spielen Sie zum Schmelzen sanfte Klänge auf einem Metallofon o. a. Instrument. Das Erstarren der einzelnen Körperteile begleiten Sie mit Klanghölzern.

3. Baustein: Erfrorene Hände tauen auf

Kreis

- „Vom Spielen im Schnee sind unsere Hände eiskalt geworden, sodass wir sie nicht mehr bewegen können. Wie können wir sie erwärmen und auftauen?" Alle halten ihre starr verformten Hände fest und versuchen, sie zu erwärmen. Probieren Sie gemeinsam mit der Gruppe die Lösungsvorschläge aus: Die Hände aneinander reiben, massieren, einzelne Finger an ihrer Kuppe greifen und schütteln, klatschen usw. Zwischendurch erstarren die Hände immer wieder in anderen Formen.
- Abschließend erwärmen alle die Hände mit ihrem Atem. Dafür atmen alle (mit geschlossenem Mund!) durch die Nase ein und hauchen die warme Luft durch den Mund in ihre Hände.

2.5 Frühling

Der Frühling kündigt sich deutlich an: Die Tage werden länger. Die Sonne hat wieder genügend Kraft, um mit ihrer Wärme die Natur, besonders das Tier- und Pflanzenreich, zu beleben. Strahlendes Licht und steigende Temperaturen heben die Stimmung von Kindern und Erwachsenen. Diese Frühlingsboten können auch Stadtkinder sinnlich erleben. Bewegung im Freien und das Entdecken der sich verändernden Natur bieten viele Möglichkeiten für sinnenhafte Erfahrungen mit dem Frühling, die nachfolgend mit Bewegung, Sprache und Musik vertieft und gestaltet werden.

Alle Themenfelder der Bewegungsangebote kreisen um das Verhalten von Tieren und bieten viele Möglichkeiten, mit Themen anderer Jahreszeiten verknüpft zu werden.

Übersicht

2.5.1 Zur Einstimmung

- Themenfeld: Erlebnisse mit dem Frühling
- Themenfeld: Sprachspielspaß

2.5.2 Bewegungsangebote

- Themenfeld: Tiere im Frühling
- Themenfeld: Was buddelt, kriecht und fliegt denn da?
- Themenfeld: Tiereraten

2.5.3 Zum Ausklang

- Themenfeld: Tasten, Spüren und Erkennen

2.5.1 Zur Einstimmung

■ Themenfeld: Erlebnisse mit dem Frühling

1. Baustein: Rätsel (aus: Arndt/Singer, 2007, S. 189)

Sitzkreis

- Sprechen Sie das Rätsel langsam und untermalen Sie Ihren Ausdruck mit Gesten. Lassen Sie die Kinder raten. Gegebenenfalls helfen Sie mit Fragen, wie z. B.: „Warum (wann) wird der Schnee weich?“

Text	***Vorschlag für Gesten***
„Der Schnee wird weich, es taut der Teich,	*Hände kreisen mit „fließenden“ Bewegungen über dem Boden.*
lang wird der Tag,	*Arme oder ganzen Körper hochstrecken.*
wann ist das?“	*Arme fragend öffnen.*
(Frühling)	

- Regen Sie die Kinder zum Mitsprechen und Ausführen der Gesten an. „Vergessen“ Sie einzelne Wörter, z. B. immer am Ende einer Zeile. Die Kinder ergänzen diese.
- „Woran können wir sonst noch merken, dass es Frühling wird?“

2. Baustein: Frühlingszeichen in der Natur
Material: Papier und Stifte zum Malen oder Zeichnen

Spaziergang

- „Wer findet etwas, das den Frühling ankündigt?“ Machen Sie mit den Kindern einen Frühlingsspaziergang und entdecken Sie mit ihnen die ersten Anzeichen für den beginnenden Frühling, wie z. B. die ersten kleinen Blätter an Sträuchern und Bäumen, ihr zartes Grün, die ersten Blumen, weitere Triebe, die sich aus dem Erdreich schieben, Vogelgesang, Hummeln oder Zitronenfalter, wärmere Temperaturen (dünnere Kleidung) usw. Regen Sie die Wahrnehmung der Kinder mit Fragen oder dem Spiel „Ich sehe was, was du nicht siehst“ an.

Sitzkreis

- Erinnern Sie anschließend mit den Kindern die Frühlingsboten. Sie können diese während des Gespräches auf einen „Merkzettel“ malen oder zeichnen, um sie zu verbildlichen. Helfen Sie mit Fragen, wie z. B.: „Was haben wir vor unserem Haus (auf der Wiese, hinter den Bäumen usw.) entdeckt?“ „Was flog in der Luft?“ „Was konnten wir hören?“ Usw. Zum Abschluss des Gespräches reflektieren Sie mit der Gruppe anhand Ihrer Zeichnungen, ob alle Eindrücke

erinnert worden sind. Vielleicht gibt es noch weitere Zeichen des Frühlings, die die Kinder bereits außerhalb des Kindergartens wahrgenommen haben.
- Gegebenenfalls malen die Kinder ein Bild.

3. Baustein: Frühlings-Gedächtnisspiel
Material: für jedes Kind 2 Karten (z.B. aus Fotokarton), die quadratisch, circa 8 x 8 cm, oder rechteckig in Postkartengröße, circa 15 x 10 cm sind, Malstifte

Sitz an Tischen

- Erinnern Sie mit den Kindern die Anzeichen des Frühlings. Geben Sie jedem Kind zwei Karten, auf die es jeweils den gleichen Frühlingsboten zeichnet oder malt, z.B. auf jede Karte eine Blume oder eine Sonne oder einen Vogel o.Ä. Dabei ist wichtig, dass die Kinder ihre individuelle Malweise verwirklichen, geprägt von ihrer Fantasie und ihrem Entwicklungsstand. Die Ähnlichkeit beider Motive sollte möglichst gut erkennbar sein.
- Betrachten Sie mit den Kindern alle Karten. Einige Kinder erzählen wahrscheinlich gern etwas zu ihren Bildmotiven, sodass Sie auf diese Weise mit der Gruppe in ein Gespräch über die Bilder kommen können.
- Drehen Sie nun alle Karten um. Ein Kind deckt eine Karte auf. „Was ist darauf zu sehen?“ „Wo könnte die andere liegen?“ Das Kind benennt die Abbildung, deckt eine weitere Karte auf usw. Ist dies die Richtige, wird das Kartenpaar zur Seite gelegt. Jedes Kind kommt nacheinander einmal an die Reihe, unabhängig davon, ob es die passende Karte findet oder nicht. Das Ziel ist also, gemeinsam alle Kartenpaare zu entdecken.
- *Variation:* Schwieriger wird dies Spiel, wenn Sie alle Karten, nachdem Sie diese mit der Bildseite nach unten abgelegt haben, mischen.
- *Variation:* Traditionellerweise läuft dieses Spiel so ab, dass jeder versucht, die meisten Kartenpaare zu finden. Ein Kind, das ein Paar gefunden hat, darf noch einmal zwei Karten aufdecken. Gewinner ist, wer die meisten Bildpaare sammeln konnte.

4. Baustein: Welche Tiere könnt ihr entdecken?
In diesem Baustein geht es hauptsächlich darum, die Gruppe mithilfe von Bildern an das Thema „Tiere im Frühling“ heranzuführen. In den **Bausteinen für Bewegungsangebote** können Sie diese Bilder weiterführend zu den Themenfeldern *Tiere im Frühling* (s. S. 114) und *Was buddelt, kriecht und fliegt denn da?* (s. S. 118) einsetzen.
Material: Bilder von Tieren, die im Erdreich, am Erdboden, im Wasser und in der Luft leben, aber auch Abbildungen von Tieren mit ihren Jungen bilden den Ausgangspunkt von Gesprächen (s. auch Anhang, S. 153 ff.).

Sitzkreis

- Betrachten Sie mit der Gruppe die Kopiervorlagen „Tiere im Frühling“ (vgl. Anhang S. 153 ff.) und regen Sie ein Gespräch darüber an. „Welche Tiere könnt ihr entdecken?“ „Wo hat sich die Maus versteckt?“ „Wo seht ihr Tiere, die fliegen können?“ „Was machen die Tiere im Winter?“ „Manche Tiere können wir im Frühling (jetzt) besonders gut hören? Welche?“ Usw.

5. Baustein: „Ich weck dich, wenn der Frühling kommt"

Material: z. B. das Bilderbuch „Ich weck dich, wenn der Frühling kommt" (Walters, 2003), möglich wäre z. B. auch „… das verspreche ich dir" (Knister, 2006)

„Ich weck dich, wenn der Frühling kommt" thematisiert die Erfahrungen eines Bärenkindes mit seinem ersten Winterschlaf. Gern möchte es wissen, wann der Frühling kommt und was dann passiert. Diese aufregende Frage lässt seinen Winterschlaf unruhig werden …

„… das verspreche ich dir" handelt von dem Murmeltier Bruno, das aus dem Winterschlaf erwacht ist und im Frühling einer wunderschönen Blume begegnet. Als die Blume verblüht, verspricht sie Bruno ein Wiedersehen. Sie löst ihr Versprechen – an das Bruno unerschütterlich glaubt – im nächsten Frühjahr ein.

Sitzkreis

- Betrachten Sie das von Ihnen ausgewählte Buch mit den Kindern. „Was seht ihr auf den Bildern?" „Was geschieht denn da?" „Was könnte die Geschichte erzählen? Wie könnte sie weitergehen?" Regen Sie die Kinder an, anhand der Bilder selbstständig Sinnzusammenhänge zu erkennen oder eine Geschichte zu erfinden.
- Lesen Sie die Geschichte vor und kommen Sie mit den Kindern in ein Gespräch darüber. Fragen Sie nach den Frühlingsboten, die in der Geschichte beschrieben werden. Erweitern Sie das Gespräch weiter in Hinblick auf Tiere, die Winterschlaf halten.

- Thematisieren Sie das Verhalten von weiteren Tieren, wie z. B. Igel, Käfer, Frösche, Schnecken, Regenwürmer, Schmetterlinge, Eichhörnchen, Vögel usw. Einige von ihnen schlafen den ganzen Winter über und werden wach, wenn der Frühling kommt. Andere verkriechen sich in Höhlen oder kuscheln sich in Nester. Sie wachen zwischendurch vor Hunger auf und stärken sich mit etwas Futter, das sie im Herbst gesammelt haben. Auch sie werden mit den wärmenden Sonnenstrahlen munter. Einige Vögel sind im Herbst in wärmere Regionen geflogen und kommen im Frühjahr zurück.

Themenfeld: Sprachspielspaß

1. Baustein: Sprachspiele mit Schnaddel-di-daddel-di-duddel-di

Rufen Sie bei den Kindern ihre Freude am Spielen mit Sprache und Ausdruck wach. Nachfolgender Ablauf gibt dafür ein Beispiel.

Sitzkreis

- „Kennt ihr ein Schnaddel-di?" „Könnt ihr das Wort nachsprechen?" Verändern Sie mit jeder Wiederholung des Wortes den Klang und das Tempo, z. B. langsam beginnend, immer schneller werden, mit tiefer oder hoher Stimme usw.

- „Das Wort wird noch länger: Schaddel-di-daddel-di." „Wir sprechen es ganz müde (mutig, träge, ärgerlich, traurig, ängstlich, aufgeregt, hektisch usw.)."
- „Nun wird das Wort noch länger: Schaddel-di-daddel-di-duddel-di." „Wir versuchen, es erst mal ganz langsam und deutlich zu sprechen." „Noch einmal wie ein Maximonster!" „Na, und nun möchte auch das Minimonster an die Reihe kommen!" „Wisst ihr, wie der klitzekleine Zwerg Pfiffikus das Wort ausspricht?" „Jetzt kommt ein mächtiger Roboter. Wir sprechen alle mit ihm mit."

2. Baustein: Die Schnaddel-di-daddel-di-Story mit Reimworten und Gesten

Sitzkreis

- „Oh, ihr könnt dies lange Wort schon so gut sprechen, dass ich euch eine Geschichte dazu erzählen möchte. Bei ‚Schaddel-di-daddel-di-duddel-di' könnt ihr mir helfen und mit mir mitsprechen."
- Sprechen Sie den ganzen Text. Die Kinder ergänzen die Reimworte. Alle veranschaulichen diese mit Gesten.

Die Schnaddel-di-daddel-Story (Autor: Knister)

„Schnaddel di daddel di duddel di daum,
am Bach auf der Wiese, da steht ein Baum. (Malen!)
Schnaddel di daddel di duddel di datt,
noch ist es Winter, der Baum trägt kein …

Schnaddel di daddel di duddel di donne,
jetzt ist es Frühling und warm scheint die …
Schnaddel di daddel di duddel di dogel,
auf den Baum setzt sich morgens ein …

Schnaddel di daddel di duddel di dest,
im Baumwipfel baut sich der Vogel ein …
Schnaddel di daddel di duddel di deier,
ins Nest legt der Vogel drei kleine …

Schnaddel di daddel di duddel di dabel,
bald schlüpfen die Jungen und öffnen den …
Schnaddel di daddel di duddel di datze,
abends schleicht über die Wiese 'ne …

Schnaddel di daddel di duddel di damm,
um die Küken zu fressen, erklimmt sie den …
Schnaddel di daddel di duddel di deige,
kräftig schüttelt der Baum seine …

Schnaddel di daddel di duddel di dopf,
ein Zweig trifft die Katze genau auf den …
Schnaddel di daddel di duddel di diese,
erschreckt springt die Katze zurück auf die …

Schnaddel di daddel di duddel di dach,
die Katze flüchtet schnell über den …
Schnaddel di daddel di duddel di daum,
„Dankeschön" piepst es ganz hoch aus dem …"

2.5.2 Bewegungsangebote

Tiere üben auf Kinder eine große Faszination aus. Ihre Motivation, sich mit Tieren zu beschäftigen, von und über Tiere zu lernen, sie zu beobachten und verantwortungsvoll für sie zu sorgen, lässt sich meistens schnell wachrufen. Die Bewegungsangebote dieses Kapitels greifen diese kindlichen Interessen auf und beziehen sich zum großen Teil nicht nur auf den Frühling, sondern das ganze Jahr.

■ Themenfeld: Tiere im Frühling

1. Baustein: Wo sind die Tiere im Winter?
Material: Abbildungen von Tieren, die im Winter unter der Erde, auf der Erde (Erdoberfläche), im Wasser und in der Luft leben, und Bilder, die Tiere im Winterschlaf zeigen (vgl. Anhang S. 153 ff.)

Sitzkreis

- Knüpfen Sie an das Gespräch (vgl. *Themenfeld: Erlebnisse mit dem Frühling,* 4. Baustein: Welche Tiere könnt ihr entdecken?, S. 111) über das Verhalten der Tiere an und thematisieren Sie weiterführend den Winterschlaf vieler Tiere. „Was machen die Tiere im Winter?“ „Wo halten sich die Hasen, Igel, Fische, Vögel, Würmer usw. auf?“ „Wo finden sie Futter?“ „Wann wachen sie auf?“ Usw. Stimmen sie mit diesem Gespräch die Kinder auf die nachfolgenden Bausteine dieses Themenfeldes ein.

2. Baustein: Die Tiere werden munter
Nachfolgender Baustein thematisiert das Erwachen der Tiere aus ihrem Winterschlaf. Dabei wird die Wahrnehmung der Kinder besonders auf Bewegungen gelenkt, die aus der Ruhe in die Aktivität führen. In Übungen zum Experimentieren mit verschiedenen Bewegungsmöglichkeiten können sie dann ihre Bewegungsfantasie entfalten.
Material: Tücher, Decken, Stühle, Kartons, Matten, evtl. Turnbänke u.a. Gegenstände zum Bauen von Höhlen und Nestern

Frei im Raum

- Bauen Sie mit den Kindern Höhlen, Nester und ähnliche Schlafplätze, in denen sie sich als „Tiere im Winter“ verkriechen. Erfinden Sie spontan eine Bewegungsgeschichte von aufwachenden Tieren im Frühling. Beziehen Sie die Ideen der Kinder ein.

- Ermutigen Sie die Kinder zu individuellen Bewegungen. Die Text- und Bewegungsvorschläge zur folgenden Aufwachgeschichte sind lediglich als Anregung zu verstehen.
- Erzählen Sie die Geschichte mit eigenen Worten, sodass Sie damit Spannung und Dynamik in der Gruppe wachrufen. Beziehen Sie auch hier möglichst die Beiträge der Kinder mit ein.

Bewegungsgeschichte: Erwachen der Tiere

Beispiel für eine Aufwachgeschichte. Sie können die Geschichte beliebig abwandeln. Umfang und Ablauf sollten sich an dem Alter und der Ausdauer der Kinder orientieren.

Textvorschlag	***Bewegungsvorschlag***
Stellt euch vor, ihr seid Tiere, die den langen Winter hindurch bei Eis und Schnee eingekuschelt in ihren Schlafhöhlen liegen. Sie schlafen tief und fest.	*Die Kinder kuscheln sich gemütlich auf ihre Plätze und „schlafen“.*
Eines Tages schiebt sich sanft die Frühlingssonne hinter den Wolken hervor und „kitzelt“ mit ihren warmen Strahlen die Nasenspitzen aller schlummernden Tiere. Sie räkeln sich ein wenig und beginnen, vom Frühling zu träumen.	*Die Kinder räkeln sich nur ein bisschen, bleiben aber „müde“ liegen.*
Nach so langem Winterschlaf fühlen sie sich noch träge und unbeweglich. Deshalb strecken sie zuerst nur eine Pfote aus, dann die andere.	*Siehe Text.*
Bald werden die Tiere etwas wacher. Jetzt recken und strecken sie sich ausgiebig.	*Sanftes Dehnen und Recken.*
Nun schütteln sie ihre Arme und Beine und rutschen etwas auf ihrem Bauch oder Rücken hin und her.	*Siehe Text.*
Sie reiben sich langsam ihre Nasen, dann auch die Augen und die Ohren.	*Siehe Text.*
Freudig richten sie sich auf.	*Siehe Text.*
Wachsam schauen sie um sich, schnuppern die laue Luft und lauschen aufmerksam in die Umgebung.	*Die Kinder schauen, schnuppern und lauschen.*
Endlich können sie sich bewegen! Wer kommt denn da? Hasen hoppeln über das Feld!	*Die Kinder erfinden spontan tierähnliche Bewegungen und bringen ihre Ideen ein.*
Was raschelt im Gebüsch? Igel laufen dort herum! Jetzt hüpfen Frösche zum Teich, Maulwürfe buddeln tiefe Gänge, Regenwürmer kriechen in der Erde, Käfer krabbeln im Gras, Eichhörnchen klettern die Bäume hoch und springen von Ast zu Ast. Die ersten Bienen summen.	***Variation:** Jedes Kind wählt ein Tier und bewegt sich entsprechend. Die Tiere kommen nacheinander „auf das Feld, die Wiese und in den Wald“ und zeigen, wie sie sich bewegen.*

Hinweis

Hier können andere und auch noch weitere Tiere aktiv werden. Entscheiden Sie dies je nach Situation.

Neugierig möchten die Tiere ihre Umgebung entdecken. Sie krabbeln und springen über das unwegsame Gelände, klettern über liegende Baumstämme, kriechen in Höhlen hinein, verstecken sich hinter großen Bäumen.	*Die Kinder entdecken Bewegungsmöglichkeiten zwischen, auf und in den gebauten Höhlen.*
Bald sehnen sie sich nach einem Freund, mit dem sie gemeinsam Wald und Wiese erkunden können. Endlich finden sie jemanden!	*Die Kinder suchen sich Partner.*
Das macht ihnen Spaß! Sie spielen: „Einer vorneweg, der andere hinterher." Dabei wechseln sie sich ab.	*Paare führen sich laufend, krabbelnd, kriechend u. a. durch die Bewegungslandschaft und tauschen ihre Rollen.*
Jetzt werden die Tiere müde und suchen sich ein Plätzchen zum Ausruhen. Dort genießen sie die letzten Sonnenstrahlen am Abend.	*Die Kinder legen oder setzen sich entspannt auf ihren Platz.*
Wachsam horchen sie auf Geräusche in der Natur.	*Alle achten auf Geräusche, die von außen eindringen oder im Raum entstehen, wie z. B. der Wind, Stimmen von draußen oder das Knacken der Heizung, Atemgeräusche usw.*

Sitzkreis

– Anschließend tauschen sich alle über die zuletzt gehörten Eindrücke aus.

3. Baustein: Tiermutter und Tierjungen

In diesem Baustein werden die Kinder zum deutlichen Vor- und Nachmachen von Bewegungsabläufen angeregt. Ausgehend von Tiermüttern und ihren Jungen können Sie die Fantasie und Vorstellungsfähigkeit der Kinder anregen. Die Spielformen dieses Bausteins entsprechen nicht immer den biologischen Gegebenheiten der Tierwelt. Vielmehr knüpfen sie an das Bedürfnis der Kinder an, sich mit Mutter- und Jungtieren zu identifizieren.

Material: eventuell Abbildungen von Tieren mit ihren Jungen, z. B. das Bilderbuch „Ich weck dich, wenn der Frühling kommt" oder andere Geschichten zum Thema Frühling und Jungtiere

Kreis

– Betrachten Sie mit der Gruppe Abbildungen von Jungtieren (mit ihren Müttern/Eltern) oder noch einmal das Bilderbuch „Ich weck dich, wenn der Frühling kommt". Gegebenenfalls lesen Sie dieses oder eine andere Geschichte zum Thema Tiere im Frühling vor.

- Erzählen Sie den Kindern, dass die Jungtiere Anregungen durch das Verhalten ihrer Mütter bekommen und auf diese Weise viel von ihnen lernen.
- „Was macht eine Vogelmutter (bzw. Fischmutter, Mäusemutter, Bärenmutter usw.)?" „Wie bewegt sie sich?" Die Kinder finden typische Bewegungen zu den jeweiligen Tierarten. Häufig unterstützen sie diese mit den entsprechenden Tierlauten. *Frei im Raum*
- Einige Kinder übernehmen die Rolle der Tiermutter und die anderen die der Jungtiere. Bei vielen Tierarten kann eine Tiermutter mehrere Junge haben. Orientieren Sie sich bei der Wahl der Tierarten an den Vorschlägen der Kinder und gegebenenfalls auch an den Abbildungen. Die Tiermutter bewegt sich und die Jungen ahmen sie nach.
- Nun zeigt nur eine Tiermutter ihren Jungen eine bestimmte Bewegung, die sie mehrfach wiederholt. Die Jungtiere ahmen diese nach. Alle anderen Kinder schauen zu. Z. B. zeigt eine Henne, wie sie scharrend nach Futter sucht oder Körner pickt.
- Je nach Gruppengröße oder Erfahrung der Kinder können Sie dieses Übungsspiel mit mehreren Kleingruppen gleichzeitig durchführen.

4. Baustein: Mutter- und Jungtiere haben eine gemeinsame Sprache

- Die Kinder machen reihum ein Tiergeräusch und benennen das Tier. *Kreis*
- Wie klingen eine Hündin und ihre Welpen, eine Ente und ihre Kücken, eine Kuh und ihre Kälber usw.? Die Kinder stellen die Unterschiede im Ausdruck der Mutter- und Jungtiere dar.
- Ein Kind sucht sich aus, welches Muttertier es sein möchte, und geht vor die Tür. Ein Kind übernimmt die Rolle des Jungtiers und die anderen Kinder spielen andere Jungtiere. Wird das Muttertier sein Junges finden? Das Muttertier kommt rein und spricht mit seinen Tierlauten der Reihe nach die Tiere an. Diese antworten mit ihrem Geräusch.

5. Baustein: Mutter- und Jungtiere machen einen Ausflug
Medien: CD „Djingalla I", Nr. 21, *Die ungleichen Brüder*

- Erzählen Sie den Kindern, dass Jungtiere – wenn sie etwas älter sind – mit der Mutter Ausflüge machen, damit sie lernen, in der Umwelt zu überleben. Entwickeln Sie in einem Gespräch mit den Kinder, dass die Mutter dabei darauf bedacht ist, die Jungen zu beschützen, d. h., sie bewegt sich vorsichtig, schaut, horcht, sichert ab, hält Kontakt, während die Jungen aufgeregt, unbekümmert, munter, neugierig „ausschwirren", sich tummeln und herumwuseln. *Kreis*
- Hören Sie die Musik und führen Sie dann gemeinsam mit den Kindern zunächst im Sitzen (die Kinder bekommen so ein Gefühl für die Länge der beiden Musikteile) mit dem Kopf, den Armen und dem Oberkörper passende Bewegungen der Mutter (A-Teil) und der Jungtiere (B-Teil) aus.
- Entwickeln Sie gemeinsam mit den Kindern passende Bewegungen für die Mutter und die Jungen in der Fortbewegung. *Frei im Raum*
- Beraten Sie mit den Kindern, wie viele Jungtiere einer Mutter zugeordnet werden sollen. Für jede Gruppe wird ein Ausgangspunkt festgelegt. Im A-Teil bewegt sich die Mutter in den Raum, während die Jungtiere abwarten. Im B-Teil folgen die Jungen nach, während die Mutter achtsam wartet. Besprechen Sie

den Tanz mit den Kindern und integrieren Sie deren Ideen. Achten Sie darauf, dass jedes Kind auch einmal die Rolle der Mutter spielt.

Themenfeld: Was buddelt, kriecht und fliegt denn da?

Hinweis

In diesem Teil vertiefen die Kinder ihr Wissen über die Tierwelt und differenzieren die Fortbewegungsarten, die sie im Teil „Erwachen der Tiere" bereits (spontan) erprobt haben.

In diesem Themenfeld finden und erproben die Kinder *typische Bewegungsarten von Tieren*. Dabei ermöglicht die Einteilung der Tierwelt in die vier Lebensräume (Luft, Wasser, auf dem und im Erdreich) eine Differenzierung und Vertiefung der Qualität von Bewegungsabläufen. Die Verbindung mit den Tierkarten regt das kognitive Lernen der Kinder an und erweitert ihre Kenntnisse.

1. Baustein: Wie bewegen sich die Tiere?
Material: Abbildungen von Tieren, die in der Erde, auf dem Erdboden, im Wasser oder in der Luft leben (s. Anhang, S. 153 ff.)

Kreis

- Betrachten Sie mit der Gruppe noch einmal die Abbildungen. Die Kinder beschreiben, was sie darauf entdecken. Gegebenenfalls steuern Sie das Gespräch mit hilfreichen Fragen, wie z. B.: „Wo hat sich der Maulwurf versteckt und wie kommt er von der Stelle?" „Wo lebt der Regenwurm? Wie kann er sich ohne Arme und Beine bewegen?" „Können Käfer nur krabbeln?" „Wie macht das der Igel?" „Welche Tiere können fliegen?" Usw. Thematisieren Sie mit Ihren Fragen besonders das Bewegungsverhalten der Tiere.
- Verdeutlichen Sie sowohl die unterschiedlichen Lebensräume (im Erdreich, am Erdboden, im Wasser, in der Luft) als auch die damit verbundenen typischen Fortbewegungsarten.

Frei im Raum

- Die Kinder ahmen charakteristische Bewegungen der einzelnen Tiere nach. Die Kinder zeigen ihre Lösungen. Jedes Tier kann sich auf vielfältige Weise bewegen, hat aber typische Bewegungsmuster.
- Thematisieren Sie dabei besonders den typischen Charakter der Tierbewegungen und überlegen Sie gemeinsam mit den Kindern, wie sie das nachahmen können.

Beispiele für Bewegungen in der Erde sind schieben, rutschen, sich ziehen, abstoßen, winden, robben u. Ä.
Beispiele für Bewegungen am Erdboden sind schnell und langsam krabbeln, hüpfen, hoppeln, rollen, schlängeln u. Ä.
Beispiele für Bewegungen im Wasser sind schlängeln, Fangarme bewegen (auch Beine), unterschiedliche „Schwimmbewegungen" u. Ä.
Beispiele für Bewegungen in der Luft sind schnell und langsam flattern, „fliegen", schweben, jeweils mit großen und kleinen Flügeln u. Ä.

2. Baustein: Wir verwandeln uns in Tiere
Material: von jedem Tier eine Karte (vgl. Anhang S. 153 ff.)
Medien: CD: Stopptanzmusik, z. B. „Djingalla I“, Nr. 16, *The Braes of Balluder*

Frei im Raum

- Verteilen Sie die Tierkarten auf einem Tisch oder am Rand des Raumes und betrachten Sie diese mit der Gruppe.
- Die Kinder bewegen sich zur Musik durch den Raum. Bei Musikstopp wählt ein Kind eine Tierkarte aus und hält sie hoch. Die Gruppe bewegt sich wie das abgebildete Tier. Erklingt wieder die Musik, laufen, hüpfen oder gehen alle auf individuelle Weise durch den Raum.
- *Variation:* Legen Sie die Karten verdeckt (mit der Rückseite nach oben) ab, sodass niemand weiß, welche Tierabbildung gezogen wird.

Tipp
Falls nötig, kommentieren Sie die Bewegungen des jeweiligen Tieres, um die Vorstellungskraft der Kinder anzuregen, z. B.: „Die Maulwürfe buddeln tiefe Gänge in die Erde.“ oder „Die Hasen hoppeln über die Wiese.“

3. Baustein: Wo leben die Tiere?
Material: Tierkarten in der Anzahl der Kinder, farbige Tücher oder große Bögen Tonpapier zur Darstellung der vier Lebensbereiche, z. B. Braun oder Beige für unter der Erde, Grün oder Gelb für auf der Erde, Blau für im Wasser, Grau oder Weiß für in der Luft; evtl. Wollfäden in den vier Farbtönen
Medien: wie beim 2. Baustein

Frei im Raum

- Breiten Sie die Tücher oder das Tonpapier aus und erklären Sie, dass diese das dunkle Erdreich, den Erdboden, das Wasser und die Luft darstellen sollen. Die Kinder sortieren die Karten und ordnen die Tiere ihrem Lebensbereich zu.
- Mischen Sie nun alle Karten und legen Sie diese verdeckt ab. Jedes Kind zieht sich eine Karte und ordnet sich dem entsprechenden Tuch/Tonpapier zu. Auf diese Weise bilden sich vier Kleingruppen (als Tiere aus einem Lebensraum).
- Alle bewegen sich zur Musik durch den Raum. Halten Sie bei Musikstopp eins der vier Tücher (bzw. Tonpapiere) hoch. Nun bewegt sich nur die entsprechende Tiergruppe (ohne Musik) zwischen den anderen. Wenn Sie z. B. ein erdfarbenes Tuch zeigen, schieben, rutschen, robben, winden usw. sich nur die „Tiere“ am Boden, die (vorrangig) in der Erde leben. Erklingt wieder die Musik, laufen, hüpfen oder gehen alle auf individuelle Weise durch den Raum usw.
- *Variation:* Halten Sie bei Musikstopp manchmal zwei oder drei Tücher hoch.
- Mischen Sie alle Karten und lassen Sie jedes Kind erneut eine ziehen.

Tipp
Binden Sie jüngeren Kindern Wollfäden in den Farben ihres Lebensraumes um das Handgelenk, um ihnen die Orientierung innerhalb der Gruppe zu erleichtern.

4. Baustein: Was können die Tiere?
Material: Tierkarten in der Anzahl der Kinder
Medien: CD zum Stopptanzen (siehe S. 119, 2. Baustein)

Frei im Raum

- Legen Sie die Karten am Rande des Raumes verdeckt ab. Jedes Kind zieht sich eine Karte, sodass die anderen die Abbildung nicht erkennen können. (Psst! Geheim!) Zur Musik tanzen alle durch den Raum. Bei „Musikstopp" fragen Sie z. B.: „Wer hat ein Tier, das fliegen kann?" Oder: „Welche Tiere können schwimmen?" Die entsprechenden Kinder halten ihre Tierkarten hoch.
- *Variation:* Bei Musikstopp bewegen sich (fliegen, schwimmen, hüpfen usw.) nur die Kinder um die anderen, die eine entsprechende Tierkarte haben.

5. Baustein: Die Tiere feiern ein Fest
Material: ein Reifen oder Tesakrepp zum Kennzeichnen eines „Tanzplatzes"
Medien: CD zum Tanzen, z. B. „Kindertänze, Tanzspiele, Bewegungsmusiken", Nr. 8, *Boogie Time*

Kreis

- Erzählen Sie, dass die Tiere gerne Feste feiern. Dann tanzen sie und es macht ihnen großen Spaß, sich neue oder ungewohnte Bewegungen auszudenken.
- Zur Musik bilden alle einen Kreis und in der Kreismitte bewegt sich ein Kind als Tier seiner Wahl, z. B. als Bär. Alle anderen imitieren seine Bewegungen.
- *Variation:* Die Kinder bewegen sich individuell. Bei Musikstopp erstarrt das Kind in der Mitte und die übrigen Kinder auf der Kreisbahn ahmen seine Position nach.
- *Variation:* Kennzeichnen Sie in der Mitte des Raumes einen „Tanzplatz", z. B. mit einem Reifen. Ein Kind bewegt sich als Tier seiner Wahl an diesem Ort und alle anderen tanzen (statt auf der Kreisbahn) frei im Raum und imitieren das Tier. Wenn das Kind den „Tanzplatz" verlässt, betritt ihn ein anderes Kind.

■ Themenfeld: Tiereraten

1. Baustein: Wirrle, warrle, was ist das? (Text: mündlich überliefert)
Material: Tierkarten, Triangel

Sitzkreis

- Sprechen Sie mehrmals nachfolgenden Vers mit gestischer Begleitung. Die Kinder machen gleich mit.

Vers	*Bewegungsvorschlag*
Wirrle, warrle, was ist das?	*Beide Unterarme umeinanderdrehen*
Hinterm Ofen krabbelt was.	*Finger „krabbeln" am Boden hinter dem Rücken.*
Ist kein Fuchs, ist kein Has.	*Hände zeigen kleine, dann große Ohren.*
Wirrle, warrle, was ist das?	*Beide Unterarme umeinanderdrehen.*

- Alle sprechen den Vers mit gestischer Begleitung; ein Kind hockt im Innenkreis. Auf die Versfrage „Was ist das?“ stellt es ein Tier mit Bewegungen und eventuell auch Stimmgeräuschen dar. Derjenige, der das Tier erraten hat, ist als Nächstes dran. Verabreden Sie vorher, dass die Kinder sich melden, aber erst auf ein Zeichen (z. B. Triangelklang o. Ä.) ihre Lösung nennen.
- Legen Sie einige Tierkarten in den Innenkreis und betrachten Sie diese mit den Kindern. Alle sprechen den Vers. Zeigen Sie mit den letzten Worten („was ist das?“) eine Tierkarte. Die Kinder benennen das Tier.
- *Variation:* Legen Sie eine überschaubare Anzahl (z. B. nur drei) Tierkarten ab. Auf die Versfrage „Was ist das?“ stellt ein Kind mit Bewegungen und Stimmgeräuschen eines der Tiere dar, ohne dass es vorher gezeigt oder benannt wird. Die Gruppe errät, um welches der drei (oder mehr) Tiere es sich handelt. Sprechen Sie mit den Kindern ein Verfahren ab, welches Kind jeweils das Tier vorstellt.
- *Variation:* Mehrere Karten liegen verdeckt am Boden. Ein Kind zieht eine Karte, sodass die anderen die Abbildung nicht erkennen können. Auf die Versfrage „Was ist das?“ stellt es das Tier dar. Die Gruppe versucht zu erraten, welches Tier dargestellt wird.

Tipp

Für die Kinder wird diese Übung einfacher, wenn die Tiere sich deutlich in ihrem Ausdruck unterscheiden.

2. Baustein: Wo ist mein Zwillingstier?

Material: jeweils zwei gleiche Tierkarten, es gibt so viele Paare, dass sich jedes Kind eine Karte ziehen kann; es ist auch möglich, ein Tiermemory zu verwenden

Kreis

- Betrachten Sie mit den Kindern die Tierkarten und experimentieren Sie gemeinsam mit typischen Stimmlauten oder Geräuschen der Tiere.

Frei im Raum

- Jedes Kind zieht eine Karte. Sind alle Karten verteilt, äußern alle (bei einer größeren Gruppe nur einzelne) der Reihe nach typische Stimmlaute oder Geräusche ihres Tieres. Auf diese Weise versuchen sich die Tierpaare zu finden.
- *Variation:* Zwei Kinder bekommen die Aufgabe, die Tierpaare zu finden. Dabei machen sie selbst keine Geräusche.
- *Variation:* Die Kinder stellen ihr Tier mit typischen Geräuschen und Bewegungen dar.

3. Baustein: Tier-Gedächtnisspiel

- Zwei „Ratekinder“ verlassen den Raum, sodass sie nicht hören oder sehen können, was die Gruppe untereinander verabredet. Die anderen Kinder bilden Paare, die sich jeweils dasselbe Tiergeräusch überlegen, z. B. Knurren von Hunden, Wiehern von Pferden usw. Die Tierpaare verteilen sich so im Raum, dass sie gut vermischt stehen, sitzen oder liegen. Die beiden Ratekinder kommen herein und versuchen, die Paare zu erkennen. Dafür streicht erst das eine über den Rücken eines Kindes und fragt: „Wirrle, warrle, wie klingst du?“

Beispiel für eine Geschichte

Textvorschlag	***Bewegungsvorschlag***
Am Himmel hängen dicke Wolken.	*Mit flachen Händen sanft über den Rücken streichen.*
Ein kräftiger Wind schiebt sie fort.	*Hände kräftig hin- und herreiben.*
Langsam schiebt sich die Sonne mit ihren warmen Strahlen hervor.	*Mit einzelnen oder gespreizten Fingern viele Strahlen malen.*
Sie erwärmt die Erde und die Pflanzen beginnen zu wachsen.	*Hände auf den Rücken legen. Hände schieben langsam seitlich nach außen.*
Einzelne Stängel schieben sich weit vor.	*Mit einzelnen Fingern Linien ziehen.*
Die ersten Knospen bilden sich.	*Mit flachen Fäusten an einzelnen Stellen sanft kreisen.*
Eine Blüte öffnet sich. Weitere kommen dazu.	*Fäuste langsam öffnen.*
Bienen und Schmetterlinge umkreisen die Blüten.	*Einzelne Finger ziehen Bögen und Linien.*
Käfer krabbeln im Gras.	*Mit allen Fingern „krabbeln“.*
Raupen kriechen zwischen den Blumen.	*Eine oder beide Hände strecken und zusammenziehen, dabei möglichst von der Stelle kriechen.*
Ein Hase hoppelt durch das Gras.	*Mit beiden Händen über den Rücken „hüpfen“.*
Sanfter Wind kommt auf.	*Hände wischen leicht und schnell hin und her.*
Wolken schieben sich vor die Sonne und es wird Zeit, nach Hause zu gehen.	*Mit flachen Händen über den Rücken streichen.*

2.6 Sommer

Viele Kinder verbinden mit dem Sommer die Sehnsucht nach Sonne, Ferien, Spielen im Freien und Spaß beim Baden. Sommerzeit ist Reisezeit.
Nicht alle Kinder verreisen in den Ferien. Viele jedoch genießen die Möglichkeit, sich im Freien zu bewegen, einen Ausflug oder ein Picknick zu machen, im Schwimmbad oder einem Badesee mit Wasser zu spielen, draußen gemeinsam mit anderen zu toben oder andere „Abenteuer" zu erleben.

Übersicht

2.6.1 Zur Einstimmung

- Themenfeld: Anregungen für Gesprächsanlässe
- Themenfeld: Bewegungsspaß mit Versen
- Themenfeld: Badespaß im Rhythmus

2.6.2 Bewegungsangebote

- Themenfeld: Wir verreisen
- Themenfeld: Am Strand
- Themenfeld: Wellentanz und Wellenklang
- Themenfeld: Meeresabenteuer

2.6.3 Zum Ausklang

- Themenfeld: Wassermusik
- Themenfeld: „Der Fisch im Meer" (Josef Guggenmos), ein Gedicht mit Gesten und Musik gestalten
- Themenfeld: Wasserpflanzen

2.6.1 Zur Einstimmung

Wasser ist Leben und übt auf Kinder eine große Faszination aus. Schon eine Regenpfütze kann sie zum Spielen und fantasievollen Bewegen anregen.
Der Besuch eines Schwimmbads oder Badesees gehört zu den beliebten Sommererlebnissen von Kindern. Im Wasser herumtollen, planschen, spritzen und tauchen genießen viele ebenso wie das Tummeln und Spielen am Strand oder auf der Wiese.
In den nachfolgenden Themenfeldern gestalten die Kinder mit Fantasie, Bewegung, Sprache und Rhythmus ähnliche Erlebnisse.

■ Themenfeld: Anregungen für Gesprächsanlässe

1. Baustein: Rätsel (aus: Arndt/Singer, 2007, S. 189)
Material: falls möglich, eine Kornähre und eine Lindenblüte, ansonsten Bildmaterial

Text	*Gesten*
„Die Sonne glüht,	*Armkreis,*
die Linde blüht,	*Arme schwanken als Zweige,*
das Korn wird voll,	*Hände gerundet schließen,*
wann ist das wohl?“	*Arme fragend öffnen.*
(Sommer)	

Sitzkreis

- Sprechen Sie das Rätsel mit Gesten und lassen Sie die Kinder raten. Helfen Sie gegebenenfalls mit Fragen, wie z. B.: „Wann glüht die Sonne?“ Usw.
- Regen Sie die Kinder zum Mitsprechen an, indem Sie jeweils einzelne Wörter, z. B. am Ende jeder Zeile, „vergessen“ und die Kinder diese ergänzen.
- Regen Sie ein Gespräch an: „Was macht viel Spaß, wenn es so heiß (die Sonne glüht) ist?“ „Warum wird das Korn voll?“ o. Ä.
- Falls Sie eine Kornähre und eine Lindenblüte den Kindern zeigen können, können Sie damit weitere Gesprächsanlässe schaffen. Eventuell steht ein Lindenbaum in der Nähe des Kindergartens, sodass Sie diesen mit den Kindern betrachten können.

2. Baustein: Sommerbilder
Material: Postkarten/Kalenderblätter oder andere Abbildungen von einem Badesee, aus dem Freibad, am Meer

Sitzkreis

- Zeigen Sie die Abbildungen und regen Sie ein Gespräch darüber an. Vielleicht gibt es in der Nähe einen Badesee oder ein beliebtes Freibad. Fragen Sie die Kinder nach ihren Erlebnissen. Viele werden davon erzählen wollen. „Was hat euch am meisten gefallen?“ Wahrscheinlich erzählen die Kinder vom Baden, Wasserspritzen und Spielen am Strand oder auf einer Wiese. Aber auch Eis schlecken, sich mit Sonnencreme einreiben lassen, in der Sonne oder unter einem Baum träumen gehört für viele dazu. Manche sind schon mit einem Boot gefahren oder wissen, dass man mit Schiffen auf dem Meer reisen kann.

- An einem anderen Tag können die Kinder (und vielleicht auch Sie) gesammelte „Schätze“ aus einem Urlaub am Meer oder Aufenthalt an einem nahe gelegenen See mitbringen. Manche haben sich einiges Wissen darüber angeeignet und können davon berichten. Andere kennen vielleicht Unterwasseraufnahmen aus Dokumentarsendungen im Fernsehen und mögen davon erzählen.

- Betrachten, befühlen und beschreiben Sie mit der Gruppe die Funde vom Strand. Vielleicht kann ein Kind dazu eine wahre oder erfundene Geschichte erzählen, die Sie mit der Gruppe ergänzen und erweitern.

Themenfeld: Bewegungsspaß mit Versen

1. Baustein: Wir fahren heut' ans Meer

Wir fahren heut' ans Meer

Text	***Bewegung***
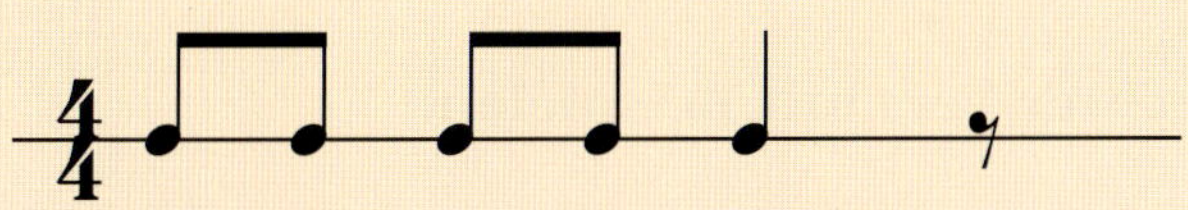 Kommt mal al - le her,	*Heranwinken,*
 wir fah - ren heut` ans Meer,	*Auto lenken,*
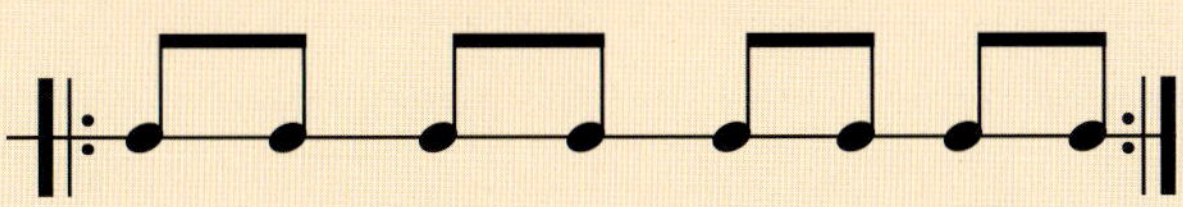 ba - den, plan - schen, Was - ser sprit - zen	*patschen, Spritzbewegungen mit den Händen,*
und am U - fer mun - ter flit - zen.	*auf der Stelle laufen,*
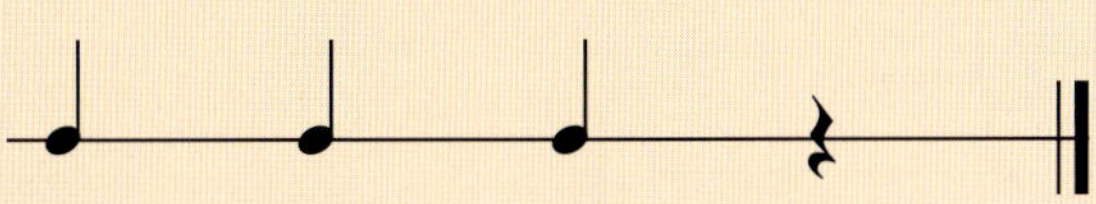 Das macht Spaß!	*3 x klatschen.*

Sitzkreis

- Sprechen Sie den Vers mit den Gesten. Die Kinder machen gleich mit. Für jüngere Kinder vereinfachen Sie die Bewegungsbegleitung, indem Sie gegebenenfalls einige der Gesten weglassen.
- Wiederholen Sie den Ablauf häufiger und lassen Sie die Kinder statt der drei Klatscher zur letzten Zeile andere Klanggesten finden, wie z. B. dreimal auf den Po klatschen, dreimal stampfen usw.

Hinweis

Da nicht alle Kinder Erfahrungen mit Urlauben (am Meer) haben, verlangt diese Anregung besonderes Fingerspitzengefühl im Hinblick auf die individuelle Situation jedes Kindes.

2. Baustein: Erlebnisse am Meer

Sitzkreis

- Regen Sie ein Gespräch über das Meer und den Strand an bzw. greifen Sie die Schilderungen der Kinder aus dem 2. Baustein des *Themenfeldes: Anregungen für Gesprächsanlässe* auf (S. 126 f.), wie z. B.: „Was kann man am Meer machen?“ „Was macht euch besonders viel Spaß?“ Sandburgen, kleine Flüsse bauen, Muscheln und Steine sammeln, baden, segeln, schwimmen, auf Luftmatratzen „schwimmen“, im Boot fahren usw.

- Diese Erlebnisse können Sie auch in einer rhythmisierten Form sammeln. Dafür vereinfachen Sie den Vers aus dem 1. Baustein (s. o.), und fügen die von den Kindern beschriebenen Erlebnisse ein. Alle stellen diese mit Gesten dar.

Vereinfachter Vers mit Beispielen:

Heranwinken,

Auto lenken,

Arme fragend öffnen,

Spritzbewegungen mit den Händen, 3 x klatschen.

- Fragen Sie die Kinder, welche Bewegungen zu den einzelnen Aktivitäten passen, und einigen Sie sich über die Bewegungen, die dargestellt werden sollen.

Kommt mal alle her,	*Heranwinken,*
wir fahren heut` ans Meer.	*Auto lenken,*
Was werden wir dort machen?	*Arme fragend öffnen,*
Burgen bauen,	*mit beiden Händen „Sand" aufschütten,*
das macht Spaß!	*3 x klatschen.*

Weitere Beispiele:

... Muscheln sammeln, ...

... auch mal tauchen, ...

... Drachen steigen, ...

... Beachball spielen, ...

... Bälle werfen, ...

... auch mal schnorcheln, ...

... auch mal baden, ...

... auch mal planschen.

3. Baustein: Was machst du da? (Erlebnisse am Meer erraten)

– Die Kinder stellen pantomimisch und mit Gesten Erlebnisse am Meer dar. Die anderen raten stumm. Auf ein Zeichen des darstellenden Kindes sagen die Kinder was sie gesehen haben. *Kreis*

4. Baustein: Mein Schifflein

Mein Schifflein

Text	*Vorschlag für Bewegungen und Geräusche*
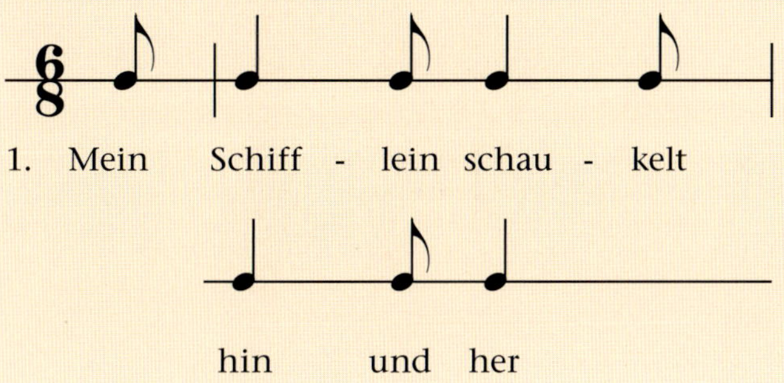	*Sitzend oder (gegrätscht) stehend mit dem Körper hin- und herschwingen.*

und se - gelt weit hin-

hin- und herschwingen

aus aufs Meer.

2. Stark bläst der Wind,

Windgeräusche mit der Stimme.

mein Schiff - lein schwankt.

Die Gischt spritzt in das

3x

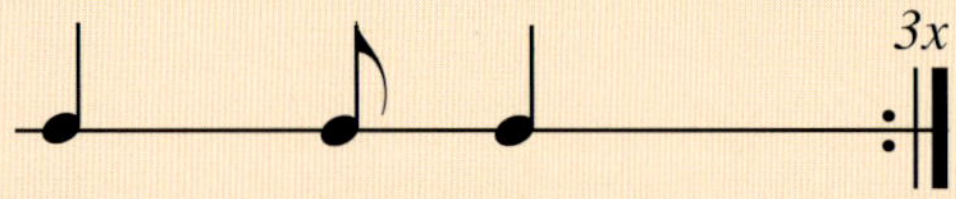

klei - ne Boot.

3. Da kommt der Sturm
mit viel Ge - braus,
die Wel - len schla - gen
hoch hi - naus.

Ausladende Bewegungen mit dem ganzen Körper und Steigern der Windgeräusche.

4. O weh, o weh,
ich bin in Not,
mein Schiff - lein hal - te
rich - tig Kurs.

Arme wild bewegen oder zu Boden fallen.

4x

5. Der Wind gibt nach,
mein Schiff fährt fort
und an - kert fest
im Ha - fen - ort.

Zur Ruhe kommen.

Kreis

- Tragen Sie die Verse ausdrucksvoll mit Bewegung vor und lassen Sie die Kinder gleich mitmachen. Die Entwicklung von der sanften zur stürmischen Bewegung und wieder zurück zur Ruhe sollte deutlich werden.
- *Variation:* Die Kinder setzen sich auf dem Boden paarweise gegenüber. Sie grätschen ihre Beine, halten sich an den Händen und bilden so ein Schiff. Sie bewegen jetzt das „Boot" den Inhalten entsprechend.

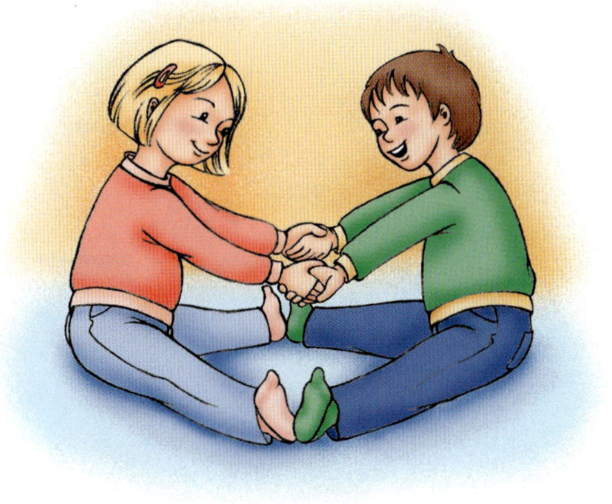

■ Themenfeld: Badespaß im Rhythmus

Sonnenschein und Hitze wecken im Sommer die Lust zum Baden und an Wasserspielen. Die Vorfreude darauf können Sie mit dem rhythmisierten Sprechstück „Badespaß mit Pitschepatsch" anregen.

1. Baustein: Sprachspiele mit Pitschepatsch

Sitzkreis

- Sprechen Sie „Pitsch, Patsch, Pitschepatsch, Pitsch, Patsch, Klatsch" mehrfach und lassen sie die Kinder mitsprechen. Alle artikulieren überdeutlich und sprechen die Konsonanten so laut wie möglich.
- *Variation:* Verändern Sie bei jeder Wiederholung den Ausdruck Ihrer Sprache: laut oder leise, langsam oder schnell, hoch oder tief, energisch oder vorsichtig usw.
- *Variation:* Begleiten Sie die Worte mit Patschen und einem Klatscher am Ende.
- *Variation:* Die Kinder finden weitere Begleitformen, wie z. B. stampfen, Finger tippen, auf den Bauch oder Po trommeln, auf den Kopf klopfen usw. Dabei enden sie am Ende der Zeile immer mit einem Klatscher.

2. Baustein: Rhythmisierter Badespaß mit Pitschepatsch

Medien: Musikstück „Pitschepatsch", zum Herunterladen im Internet, Track 8 und Track 9 (Playback)

Kreis

- Legen Sie mit der Gruppe eine Begleitform für die Zeile „Pitsch, Patsch, Pitschepatsch, Pitsch, Patsch, Klatsch" fest.
- Sprechen Sie das ganze Stück. Die Kinder sprechen immer „Pitsch, Patsch, Pitschepatsch, Pitsch, Patsch, Klatsch" und begleiten sich mit den Klanggesten. Stellen Sie die übrigen Zeilen pantomimisch mit Gesten dar.

– Wiederholen Sie den Ablauf mehrfach, sodass die Kinder ihn allmählich lernen und mitmachen können.

Badespaß mit Pitschepatsch

Text	*Vorschläge für Gesten*

Pitsch, Patsch, Pit - sche - patsch,	*Patschen und am Ende klatschen.*
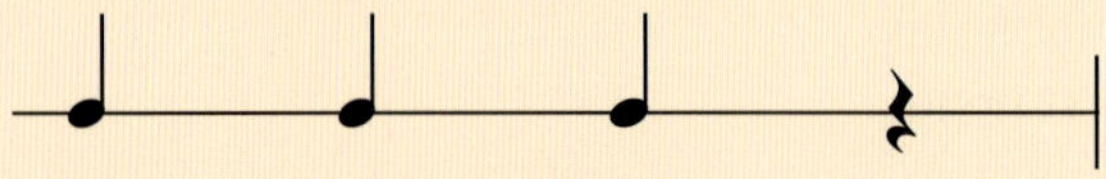	
Pitsch, Patsch, Klatsch.	

La - chend scheint die Son - ne heiß,	*Armkreis nach oben,*
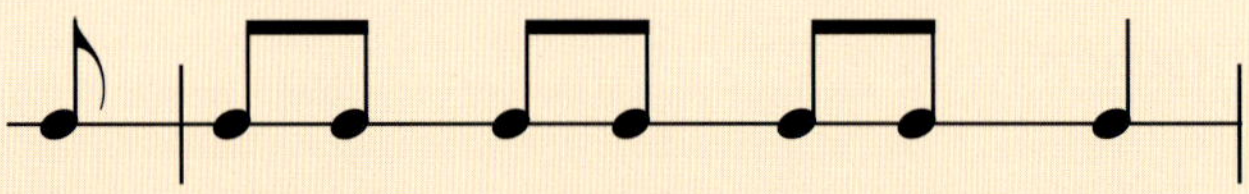	
da ba - den wir, wie je - der weiß.	*Schwimmbewegung der Arme.*
Pitsch, Patsch, Pit - sche - patsch,	*S. o.*
Pitsch, Patsch Klatsch.	
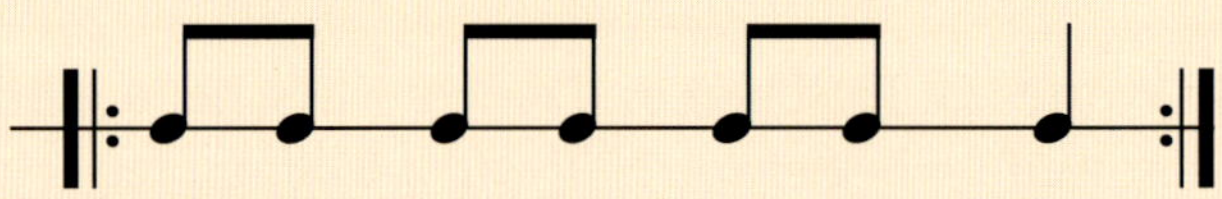	
Freu'n uns auf den Was - ser - spaß,	*Hände aneinanderreiben,*
lau - fen schnell durchs grü - ne Gras.	*Füße laufen auf der Stelle.*
Pitsch, Patsch, Pit - sche - patsch,	*S. o.*
Pitsch, Patsch Klatsch.	

Was - ser spritzt an Kopf und Bauch,	*Körperteile zeigen,*
den Rü - cken und die Arme auch.	
Pitsch, Patsch, Pit - sche - patsch,	*S. o.*
Pitsch, Patsch Klatsch.	

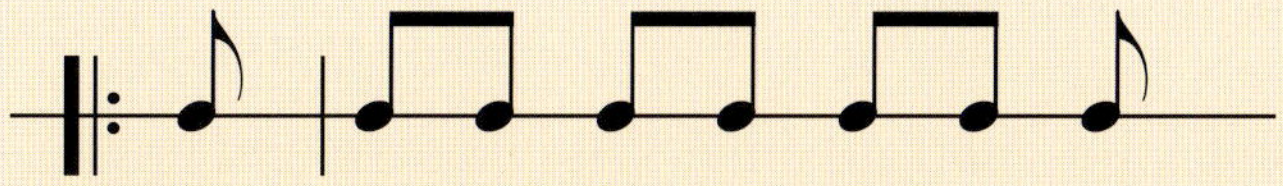

An Fü - ße, Bei - ne so - wie - so	*Körperteile zeigen,*

und e - ben - so den run - den Po.	*Körperteil zeigen.*
Pitsch, Patsch, Pit - sche - patsch,	*S. o.*
Pitsch, Patsch Klatsch.	

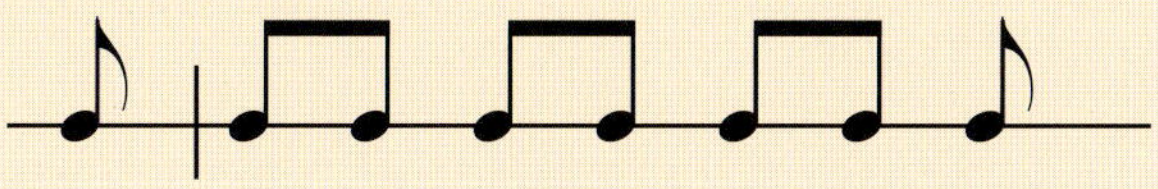

(Wir) to - ben, tau - chen, schwim - men viel	*Tauchbewegung der Arme,*

ge - nie - ßen un - ser Was - ser - spiel!	*Arme in die Luft werfen.*
Pitsch, Patsch, Pit - sche - patsch,	*S. o.*
Pitsch, Patsch Klatsch.	

- Ist den Kindern das Sprechstück gut vertraut, spielen Sie die Musik ein (zunächst Track 8). „Diese Musik ist für uns. Wir probieren gleich mitzumachen."
- Wenn die Kinder mehr Sicherheit haben, dann können Sie auch die Playbackfassung abspielen (Track 9).

2.6.2 Bewegungsangebote

■ Themenfeld: Wir verreisen

Urlaubstage am Meer klingen für viele verlockend und beflügeln die Reiselust. In diesem Themenfeld „reisen" die Kinder mithilfe ihrer Fantasie und Vorstellungskraft ans Meer. Bevor es losgeht, werden die Koffer gepackt, die Anreise geplant und alles in Bewegung umgesetzt.

1. Baustein: Was packen wir in unseren Koffer?

Kreis

- Besprechen Sie mit der Gruppe, was man auf einer Reise braucht und was jeder gerne mitnehmen würde.
- Erfinden Sie mit den Kindern spontan Gesten und Bewegungen, mit denen sie pantomimisch die einzelnen Teile darstellen, z. B. sich eine *Hose* anziehen, sich mit *Sonnenschutzmittel* eincremen, sich eine *Sonnenbrille* aufsetzen, Sand in einen *Eimer* schaufeln, *Kopfhörer* aufsetzen usw.
- Sprechen Sie mit den Kindern nachfolgenden Vers:

Das Kofferspiel fängt an,

ihr kommt alle dran!

...(Name)..., was nimmst du mit?

- Das genannte Kind nennt und zeigt pantomimisch (eventuell mithilfe der Gruppe) sein Gepäckstück. Alle wiederholen den Begriff und die entsprechende Bewegung. Der Vers wird wie folgt abgewandelt:

Was kommt jetzt in den Koffer rein?

...(Name)..., was nimmst du mit?

- In einer größeren Gruppe fragen Sie gleich mehrere Kinder hintereinander, die nacheinander ihr Gepäckstück nennen und zeigen.
- Ist der Koffer voll, rufen alle:

Der erste, *(zweite, dritte usw. letzte)* Koffer ist schon
voll,

das finden wir ganz toll!

- *Variation:* Ähnlich wie bei dem bekannten traditionellen Spiel „Kofferpacken“ wiederholen jedes Mal alle die bereits eingepackten Teile mit den entsprechenden Bewegungen.
- Abschließend rufen alle:

„Die Reise wird ein Hit, wir fahren alle mit!“

2. Baustein: Die Reise wird ein Hit, wir fahren alle mit!

Kreis

- Die Fahrt wird aufregend und macht Spaß. Erfinden und erzählen Sie Erlebnisse von der Reise, wie z. B. eine Reifenpanne mit dem Auto, eine gemütliche Fahrt im Bummelzug mit Lesen, Essen und Trinken usw.
- *Variation:* Alle stellen die Erlebnisse auf der Fahrt pantomimisch und mit Geräuschen dar, wie z. B. Lenkrad steuern und Motorengeräusch immitieren, Luft in einen Autoreifen pumpen, im ruckelnden Bummelzug lesen, essen und trinken, den dabei überschwappenden Saft wegwischen usw.

- Am Urlaubsziel werden die Koffer wieder ausgepackt. „Damit wir nicht alles durcheinanderwühlen, nehmen wir zuerst das heraus, was zuletzt eingepackt wurde. Könnt ihr euch noch erinnern, was ihr eingepackt hattet?" Nacheinander nennt und stellt jedes Kind sein Gepäckteil dar, z. B.: „Eine Zahnbürste." Die Gruppe macht sofort mit und das Spiel läuft in entgegengesetzter Reihenfolge ab.
- *Variation:* Jedes weitere Kind wiederholt (Begriff und Bewegung) alle Teile, die bereits ausgepackt wurden, und fügt seines hinzu. Die Gruppe macht gleich mit.
- *Variation:* Haben die Kinder dieses Spiel häufiger geübt, stellen sie beim Auspacken nur die jeweiligen Bewegungen ohne Worte dar.

Dies Spiel schult nicht nur die Begriffsbildung und Merkfähigkeit, sondern auch die Fähigkeit zur Serialität (Reihenbildung, Vorwärts-Rückwärtszählen und Wortauf-/-abbau).

3. Baustein: Wie kommen wir ans Meer?
Material: eventuell Klebeband (Tesakrepp), Seile, Matten o. a. zur Markierung von Straßen, Schienen, Flugwegen usw.
Medien: CD „Djingalla 2", Nr. 14, *Bim Bam Bembe*

Frei im Raum

- „Wir reisen weit weg ans Meer. Deshalb müssen wir oft umsteigen. Dabei wechseln wir jedes Mal in ein anderes Verkehrsmittel." Legen sie gemeinsam mit den Kindern die Reihenfolge der Fahrzeuge fest, z. B. mit dem Auto zum Flughafen, nach dem Flug in einem Bus zum Bahnhof, weiter mit dem Intercityexpress (ICE), anschließend im Bummelzug und endlich mit dem Taxi ins Hotel oder auf den Zeltplatz. Von dort aus fahren alle mit dem Fahrrad an den Strand.
- Zur CD-Musik stellen alle spontan ihr Fahrzeug mit Bewegung und Geräuschen dar. „Wie bewegen wir uns beim Autofahren (Fliegen, Zugfahren, Radfahren usw.)?" Einige Kinder zeigen ihre Ideen, z. B. ein Auto „lenken" und dabei viele Kurven laufen, als ICE in einer Schlange „lautlos" immer schneller vorwärtskommen, als Bummelzug schnaufen usw. Verdeutlichen Sie die unterschiedlichen Geschwindigkeiten, Geräusche und Bewegungsformen. Alle einigen sich auf bestimmte Bewegungen und probieren diese aus.
- Falls die Kinder mehr Struktur brauchen, markieren Sie mit Klebeband, Seilen, Matten o. a. die Straßen, Schienen, Flugwege usw.
- Nun kann es losgehen! Zur Musik bewegen sich alle in ihrem Fahrzeug durch den Raum. Stoppt die Musik, steigt jeder in das nächste Verkehrsmittel um und die Reise geht mit Musik weiter.

Themenfeld: Am Strand

Bilder von Meer, Muscheln und Sand lösen bei Kindern und Erwachsenen Vorstellungen aus, die mit Wohlfühlen und Entspannung verbunden sind. Nicht umsonst bedient sich die Werbung immer wieder dieser Urelemente der Natur. Nachfolgende Beispiele regen zum sinnlichen Erleben von Naturmaterialien des Strandes an.

1. Baustein: Was liegt denn da?
Material: ein größeres Tuch, möglichst in Wasserfarben, Muschel- und Schneckenhäuser, Meeressand (oder ähnlich feiner Sand), eventuell auch Steine und Strandgut wie kleine Holzstücke o. Ä., außerdem Fühlboxen (alternativ Schachteln oder Schuhkartons mit einem Tuch zum Abdecken), jeweils gefüllt mit Sand, Muschel- oder Schneckenhäusern.

Kreis

- Das Tuch liegt als Meer am Boden, die Muscheln, Schneckenhäuser, Steine und der Sand sind darauf verteilt. Betrachten Sie mit den Kindern dieses Stillleben und regen Sie ein Gespräch darüber an. „Was ist das?" „Woher kommen die Gegenstände?" „Welche Farben haben sie? Welche sind am hellsten (dunkelsten)?" „Warum liegen sie am Strand?" Usw.

- Geben Sie einige Muscheln zum Tasten, Schauen, Riechen und Daran-Horchen herum und verbinden Sie dies mit Fragen, wie z. B.: „Was kannst du hören?" „Ist die Muschel rund oder eckig, spitz oder kantig?" „Welche (von zwei Muscheln) ist größer, schwerer, glatter usw.?"
- Füllen Sie die Fühlboxen mit Sand, Muscheln usw. und lassen Sie die Kinder den Inhalt ertasten. Verbinden Sie dies mit Fragen wie: „Was ist darin?" „Wie fühlt sich das an?" „Wie viele Muscheln kannst du ertasten?" Usw. Das Stillleben in der Mitte kann für jüngere Kinder eine Hilfe sein, die jeweiligen Gegenstände wiederzuerkennen und zu benennen.
- *Variation:* Sie können diese Übung erschweren, indem Sie unterschiedliche Gegenstände in einer Fühlbox ertasten und benennen lassen, wie z. B. mehrere Schneckenhäuser und eine Muschel. Ältere Kinder können evtl. auch die Anzahl herausfinden.

> *Tipp*
> Wichtig ist bei diesen Übungen nicht nur, dass die Kinder wahrnehmen oder Zusammenhänge erkennen, sondern ebenso, dass (möglichst) alle sich sprachlich äußern.

2. Baustein: Was hat sich verändert?
Material: ein Tuch, Muscheln u. a. „Schätze" vom Strand, vgl. 1. Baustein

Kreis

- Legen Sie einige Gegenstände so auf ein Tuch, dass die Kinder sich die Anordnung gut einprägen können. Auf ein Signal schließen alle ihre Augen oder drehen sich weg. Verändern Sie das Arrangement, indem Sie Gegenstände vertauschen oder wegnehmen. Die Kinder versuchen, die ursprüngliche Anordnung wiederherzustellen.

3. Baustein: Wir gestalten ein Muschelbild
Material: für jedes Kind ein Chiffontuch (möglichst in „Wasserfarben"); Muscheln, Steine, Kleber und Pappe für ein Muschelbild

Frei im Raum

- In der Mitte des Raumes liegen die Muscheln, Steine und weitere Strandschätze. Die Kinder nehmen sich einige und arrangieren diese auf ihrem Tuch. Anschließend betrachten sie gegenseitig ihre Bilder.
- Alle gestalten gemeinsam ein großes Bild mit Muscheln usw. Dafür werden die Gegenstände auf einen Untergrund aus Pappe geklebt.
- *Variation:* Soll ein bestimmtes Muster entstehen, kennzeichnen Sie die Pappe vorher entsprechend.

Themenfeld: Wellentanz und Wellenklang

Die Weite des Meeres, die fließend-rhythmischen Bewegungen der Wellen mit ihrem Rauschen, der rieselnde Sand, das Licht und die Farben erleben viele als angenehm. Die nachfolgenden Beispiele knüpfen an diese Wirkungen an.

1. Baustein: Was hören wir?
Medien: Musikstück „Wellentanz", zum Herunterladen im Internet, Track 10

Sitzkreis

- Die CD-Musik mit Meeresrauschen erklingt. „Was hören wir? Was kann das sein?" Lassen Sie die Kinder beschreiben und deuten, was sie hören. Eventuell ergänzen Sie diese Hörerfahrung mit einem Bild vom Meer.
- Erzeugen Sie mit den Kindern Meeresrauschen mithilfe der Stimme. Spielen Sie dabei mit der an- und abschwellenden Dynamik.

2. Baustein: Wir bewegen uns wie Wellen
Material: für jedes Kind ein Chiffon- oder Seidentuch
Instrumente: falls vorhanden eine Ocean-Drum, alternativ Rasseln oder eine Handtrommel, in die Reiskörner oder getrocknete Erbsen gelegt werden

Sitzkreis am Boden

- „Zeigt mit euren Händen, wie sich Meereswellen bewegen!" Einzelne Kinder machen vor. Alle begleiten dazu mit Stimmgeräuschen. „Sammeln" Sie mit der Gruppe verschiedene Wellen: Es gibt mächtige, die sich hoch aufbäumen, breite und sanfte, Kräuselwellen, flache und schnelle usw.
- „Jetzt machen wir gemeinsam Wellen." Alle knien oder hocken am Boden und bewegen ihre Finger wie plätscherndes Wasser. Allmählich entstehen kleine Wellen (die Arme heben und senken sich im gemeinsamen Rhythmus). Begleiten Sie die Wellen gemeinsam mit der Gruppe mit Stimmgeräuschen. Je größer die Wellen werden, desto größer werden die Bewegungen der Arme und des ganzen Körpers. Falls nötig, kommentieren Sie den Verlauf der Wellen. Auf diese Weise können Bewegung und Klang als Einheit vermittelt werden.

- Unterstützen Sie die Wellengeräusche der Kinder mit Instrumenten, wie z.B. mit einer Ocean-Drum oder mit Rasseln, und bringen Sie so das Aufbäumen und Auslaufen von Wellen zum Klingen. Statt einer Ocean Drum können Sie eine Handtrommel, in der viele Reiskörner oder Erbsen sind, langsam hin- und herbewegen, sodass ein meeresähnliches Rauschen entsteht.
- Alle schwingen ihr Chiffontuch wie Meereswellen und probieren kleine Kräuselwellen, große Brandungswellen, schäumend wirbelnde Wellen usw. aus.
- Einige Kinder zeigen ihre Wellenbewegungen, die anderen schauen zu: „Wer hat Kräuselwellen, stürmische Brandungswellen usw. gemacht?"

3. Baustein: Wir spielen Wellenmusik
Instrumente: für jedes Kind eine Rassel und ein Chiffon- oder Seidentuch, eine Ocean-Drum, alternativ eine Handtrommel, in der sich Reiskörner oder getrocknete Erbsen befinden

Kreis

- Die Kinder experimentieren mit den Rasseln. „Wie klingen große, kleine, ruhige usw. Wellen?" „Ab und zu hört man auch das Klackern der Steine, die von der Welle ans Ufer gespült werden. Wie klingt das?"
- „Mein Tuch bewegt sich wie eine Welle." Manchmal ist sie mächtig oder klein, kommt langsam oder schnell usw. „Spielt dazu eine Wellenmusik." Je größer eine Welle wird, desto lauter spielen alle und umgekehrt. Evtl. fragen Sie noch einmal nach dem Zusammenhang von Lautstärke und Wellendynamik (vgl. 2. Baustein).
- *Variation:* Ein Kind stellt Wellenbewegungen mit einem Tuch dar.
- *Variation:* Alle lassen ihre Chiffontücher wie „Meereswellen" zur CD-Musik tanzen.

■ Themenfeld: Meeresabenteuer

1. Baustein: Wie können wir uns mit dem Tuch bewegen?
Material: ein Schwungtuch (möglichst ohne Öffnung in der Mitte) oder ein ca. 3 x 3 m großes Tuch aus Futterstoff, Dekoseide o. Ä. (z. B. zwei Bahnen von einem Stoffrest zusammennähen und rundherum mit einer Zickzackschere zurechtschneiden), als Ersatz ein großes (blaues) Bettlaken oder zwei, die zusammengenäht worden sind (Sie können am Ende eine dicke Schnur als Griffsicherung einnähen)
Raum: Der Raum sollte mindestens 1,5 m länger und breiter als das Schwungtuch messen.

Um das Tuch versammelt

- Breiten Sie mit den Kindern das Schwungtuch aus und entdecken Sie gemeinsam Möglichkeiten, sich mit dem Tuch zu bewegen und damit zu spielen. Geben Sie den spontanen Spielideen der Kinder Raum. Wahrscheinlich kriechen sie unter das Tuch, rollen sich ein, legen sich darauf, ziehen sich usw. Schwungtücher rufen die spontane Bewegungslust und Bewegungsfantasie von Kindern wach. Intuitiv erfinden sie viele „Übungen". Greifen Sie Ideen auf und erweitern Sie diese eventuell zu einer Übung für die ganze Gruppe.

2. Baustein: Wie bewegt sich das Meer?
Material: ein großes Tuch (vgl. 1. Baustein)

Um das Tuch versammelt

- „Können wir das Tuch so wie ein weites Meer bewegen?"
- Alle knien gleichmäßig verteilt um das ausgebreitete Tuch. „Wie können wir kleine Kräuselwellen machen?" Schütteln Sie mit den Kindern das Tuch behutsam und gleichzeitig schnell.

- „Allmählich bewegt sich das Meer kräftiger und das Wasser bäumt sich zu großen Wellen auf." Dafür stehen alle auf und schwingen das Tuch regelmäßig auf und ab. Dies erfordert einen gemeinsamen Rhythmus, den Sie stimmlich unterstützen können, z. B.: „Und hoch!"
- „Lasst uns einen Wellenberg zaubern." Alle knien um das Tuch und erzeugen Meereswellen. Verlangsamen Sie die Bewegungen und legen Sie das Tuch nach

der letzten gemeinsamen Bewegung nach oben schnell auf den Boden. Alle drücken das Tuch mit ihren Händen auf den Boden, sodass die Luft nicht entweichen kann. Die Luft unter dem Tuch lässt einen „Wellenberg“ (Luftblase) entstehen, sodass sich die gegenüberknienden Kinder anfangs nicht sehen können.

- „Manchmal ist das Meer ganz ruhig.“ Wechseln Sie zwischen großen und kleinen Wellenbewegungen, auch Meeresstille, ab. „Könnt ihr die Luft spüren? Wir machen Wind mit unserem Tuch. Wie entsteht unser Wind? Wann weht er stark, sanft, lauter, leiser usw.?“

3. Baustein: Wir bewegen uns im Meer
Material: ein großes Tuch (vgl. 1. Baustein)

Um das Tuch versammelt

- Zwei gegenüberstehende Kinder „tauchen“ unter der Riesenwelle und kommen zu ihrem Platz zurück.
- *Variation:* Zwei gegenüberstehende Kinder „tauchen“ unter der Riesenwelle hindurch und *wechseln ihre Plätze.*
- Nach und nach „tauchen“ mehrere Kinder.
- „Manchmal bildet sich eine Riesenwelle und überspült uns.“ Alle fassen beidhändig das Tuch, schwingen es zweimal tief und hoch. Dazu rufen sie: „Tief und hoch und wieder tief und los!“ Bei „los“ lassen alle das Tuch los, das (mit etwas Glück) bis an die Decke schwebt und laufen schnell darunter. „Warum schwebt das Tuch zur Decke? Usw.

4. Baustein: Wir suchen einen Schatz
Material: ein Schwungtuch oder anderes großes Tuch (s. o.), ein Korb o. Ä., in dem verdeckt „Schätze“ für den Meeresgrund liegen, wie z. B. ein Seil als Schiffstau, Schachteln mit Spielgeld als Schatzkisten, alte Schlüssel, Perlenketten, Becher, Flaschenpost usw.

Um das Tuch versammelt

- Breiten Sie mit den Kindern das Tuch am Boden aus und stellen Sie den Korb so in Ihre Nähe, dass Sie einen „Schatz“ (möglichst für die Kinder nicht erkennbar) unter das Tuch schieben können. „Manchmal liegen Schätze auf dem Meeresgrund. Vielleicht sind diese von Piraten früher einmal versenkt worden. Bevor wir tauchen, um diese zu holen, müssen wir probieren, ob wir noch unter Wasser schwimmen können.“ Einige Kinder versuchen, unter Wasser zu schwimmen, indem sie unter das flach liegende Tuch kriechen.
- „Nun kann's losgehen!“ Schieben Sie einen Gegenstand aus dem Korb unter das Tuch. „Auf dem Meeresgrund liegt ein Schatz. Wer möchte tauchen und ihn suchen?“ Einzelne Kinder holen jeweils einen Schatz an Land.

5. Baustein: Wasserbälle tanzen gern
Material: ein Wasserball, verschiedene leichte und weiche Bälle, die sich möglichst in ihrer Größe und ihrem Material unterscheiden

Um das Tuch versammelt

- Auf den Wellen tanzt ein großer, leichter Ball (am besten ein Wasserball). Alle lassen ihn hüpfen und rollen. Er soll nicht „ans Land spülen“.
- „Warum springt der Ball manchmal ‚an Land‘? Wie können wir erreichen, dass er auf dem Meer bleibt?“

- Versuchen Sie gemeinsam, den Ball auf dem äußeren Rand des Tuches kreisen zu lassen.
- Bringen Sie immer mehr Bälle ins Spiel. Besonders reizvoll ist es, wenn diese in Größe, Gewicht und Material unterschiedlich sind. Wie viele Bälle können auf dem Meer hüpfen, ohne „an Land zu spülen"?

2.6.3 Zum Ausklang

Auf viele Menschen wirkt fließendes und rauschendes Wasser entspannend. Hieran knüpfen nachfolgende Bausteine an. Sie thematisieren Wasserspiele zum Lauschen, verbunden mit feinmotorischem Experimentieren und dem aktiven Entdecken von Wassergeräuschen und -klängen. Dabei regen die sanft gleitenden Bewegungen von Wasserpflanzen die Vorstellungskraft der Kinder an und inspirieren sie, über ihren Körper die Schwerelosigkeit zu erspüren. Mithilfe ihrer Fantasie können sie sich in die fließenden Bewegungen der Unterwasserwelt einschwingen.

■ Themenfeld: Wassermusik

Wasser hat viele Geräuschqualitäten. In diesem Themenfeld experimentieren die Kinder mit Wassergeräuschen, differenzieren ihre Hörerfahrungen und verbinden diese mit Begriffen.

1. Baustein: Experimentieren und Spielen mit Wasser
Material: mehrere Gefäße (Schüsseln, Eimer, Wannen o. Ä.), gefüllt mit Wasser

Um die Schüsseln gruppiert

- Stellen Sie die großen Schüsseln mit Wasser gefüllt so bereit, dass die Kinder darin mit ihren Händen spielen können. Falls das Wetter es erlaubt, gehen Sie mit den Kindern nach draußen, sonst in einen geeigneten Raum. Die Kinder experimentieren mit ihren Händen im Wasser. Dabei soll möglichst wenig Wasser über den Schüsselrand schwappen. Anschließend zeigen sie ihre Spielideen. Wahrscheinlich werden sie mit den Händen herumplatschen, auf dem Wasser „trommeln", mit einem Finger Strudel drehen und mit einer Hand Wellen machen, Wasser aus beiden Händen fließen und Tropfen von den Fingern fallen lassen, beide Hände gewölbt auf den Grund drücken und Luftblasen hervorblubbern lassen usw.

2. Baustein: Wasserklänge sammeln
Material: mehrere Schüsseln o. Ä. mit Wasser (vgl. 1. Baustein), außerdem für alle Kinder verschiedene Gefäße, wie z. B. Becher, Tassen, kleine Schüsseln, große und kleine Löffel, Flaschen, Trinkhalme und Handtücher zum Abtrocknen

Um die Schüsseln gruppiert

- „Wir spielen heute eine Wassermusik. Ich zeige euch einige Wasserklänge!" Gießen Sie mit einigen Gefäßen Wasser in eine große Schüssel und lassen Sie es dabei rieseln, plätschern, tröpfeln, blubbern (mithilfe von Trinkhalmen) usw.

- Die Kinder experimentieren mit den „Schöpfutensilien". Nacheinander zeigen einige ihre Wasserklänge, z. B. verschiedene Blubbergeräusche mit Trinkhalmen, unterschiedliche Klänge beim Gießen mit Bechern, Löffeln oder Flaschen, blubbernde Luftblasen unter Wasser mit Flaschen usw.
- Finden Sie Begriffe für die Wasserklänge, wie z. B. blubbern, glucksen, tröpfeln, spritzen, fließen, rauschen, plätschern u. a.

3. Baustein: Wasserklänge raten
Material: vgl. 2. Baustein

- Da die Wassergeräusche gehört werden müssen, sollten Sie versuchen, diese Übung stumm mit den Kindern auszuführen, indem Sie nur mit Mimik und Gesten „sprechen". Vorab verdeutlichen Sie, warum nicht gesprochen werden soll. Die Kinder lauschen einem Wassergeräusch, ohne das Spiel mit dem Wasser sehen zu können. Anschließend wiederholt ein Kind dieses Geräusch und alle suchen einen dafür charakteristischen Begriff. Das Spiel setzt sich fort.

4. Baustein: Wir spielen eine Wassersymphonie
Material: vgl. 2. Baustein

Um die Schüsseln gruppiert

- „Jetzt spielen wir eine Wassersymphonie. Das ist ein längeres Musikstück, das aus mehreren Teilen besteht." Besprechen Sie mit den Kindern die Reihenfolge der Spieler, die jeweils in kleinen Gruppen gemeinsam „auftreten". So spielen die Kleingruppen nacheinander ihre „Wassermusik".

Erstes Beispiel für den Ablauf einer Wassermusik:

Teil A	*1. Gruppe:*	*Blubbern*
Teil B	*2. Gruppe:*	*Tröpfeln*
Teil C	*3. Gruppe:*	*Fließen*
Teil D	*4. Gruppe:*	*Glucksen*

usw.

Je nach Gruppengröße können in jedem Teil ein oder auch mehrere Kinder spielen.

- Sie können die Abfolge der einzelnen Teile unterschiedlich kombinieren. Folgendes Beispiel orientiert sich an der musikalischen Form eines Rondos. Hier gibt es einen Teil, der regelmäßig wiederkehrt.

Zweites Beispiel für den Ablauf einer Wassermusik:

Teil A	*1. Gruppe:*	*Blubbern*
Teil B	*2. Gruppe:*	*Tröpfeln*
Teil A	*1. Gruppe:*	*Blubbern*
Teil C	*3. Gruppe:*	*Fließen*
Teil A	*1. Gruppe:*	*Blubbern*
Teil D	*4. Gruppe:*	*Glucksen*
Teil A	*1. Gruppe:*	*Blubbern*
usw.		

In diesem Beispiel klingt ein Teil immer gleich. Diesen kann immer die ganze oder auch nur ein Teil der Gruppe spielen. Die anderen Teile klingen unterschiedlich und werden von einzelnen Kindern oder kleineren Gruppen übernommen.

- Kombinieren und erfinden Sie mit der Gruppe weitere Abläufe der musikalischen Gestaltung einer Wassermusik.

5. Baustein: Achtung, Aufnahme!
Material: wie im 2. Baustein, zusätzlich ein Kassettenrekorder oder ein anderes Gerät zum Aufnehmen der Wassermusik

Um die Schüsseln gruppiert

- Nehmen Sie die Wassersymphonie auf und spielen Sie das Musikstück anschließend vor. Das Aufnehmen von Geräuschen, Klängen usw. steigert meistens die Bereitschaft der Kinder, sich zu konzentrieren. Wie bei einer echten CD-Aufnahme sollen möglichst keine Nebengeräusche mit eingespielt werden.
- Die Kinder versuchen beim Abhören der Aufnahme, ihren Spielpart und Wasserklang wiederzuerkennen, möglichst auch zu benennen.

6. Baustein: Wir spielen auf einer Wassertrommel
Material: eine große Schüssel mit Wasser und eine kleinere Schüssel aus Kunststoff oder Holz

Um die Schüsseln gruppiert

- Setzen Sie die kleinere Schüssel umgestülpt auf die Wasseroberfläche und beobachten Sie mit den Kindern, wie sie schwimmt.
- „Das ist eine Wassertrommel. Wie kann sie klingen?“ Lassen Sie die Kinder probieren. Wahrscheinlich entdecken sie schnell, dass sie mit beiden Händen darauf trommeln können.
- Regen Sie die Gruppe an, den Tönen der Wassertrommel zu lauschen. Sie verändern sich immer wieder. Da sich die Schüssel bewegt, verändert sich ständig ihr Resonanzraum.

Hinweis
Wassertrommeln kommen ursprünglich aus Afrika. Sie bestehen aus zwei unterschiedlich großen Kürbisschalen, die als Schüsseln genutzt werden.

7. Baustein: Blubberspaß mit Liedern
Material: für Sie und für jedes Kind ein mit Wasser gefüllter Becher und ein Trinkhalm

Um die Schüsseln gruppiert

- Blubbern Sie mit Ihrem Trinkhalm im Wasser die Melodie eines Liedes, das die Gruppe kennt. „Wie heißt das Lied?“
- Alle singen das Lied und blubbern es anschließend.
- Einzelne Kinder blubbern bekannte Melodien. Die anderen versuchen, die Melodie zu erraten.

8. Baustein: (Wahrnehmungs-)Spiele mit Wassertropfen
Material: mindestens eine Pipette, mindestens eine Schüssel mit Wasser

Um die Schüsseln gruppiert

- Lassen Sie mit einer Pipette einzelne Tropfen in das Wasser fallen und beobachten Sie mit den Kindern die entstehenden Kreise auf der Wasseroberfläche. „Woher kommen die Kreise? Warum bilden sich die Ringe?“ Rätseln Sie mit den Kindern über die Ursache und erklären Sie dann das Prinzip.
- Die Kinder „zaubern“ reihum mit einer Pipette Wasserkreise.
- „Ich schenke dir einen Wassertropfen.“ Die Kinder lassen mit einer Pipette Tropfen in die Hand eines anderen Kindes fallen.
- *Variation:* Das Kind nennt ein Körperteil, auf das der Tropfen fallen soll, z. B. Handrücken, Nase, Stirn, Zeigefinger usw.
- *Variation:* Das Kind schließt seine Augen und öffnet sie erst, wenn es den Tropfen spürt.

■ Themenfeld: „Der Fisch im Meer“ (Josef Guggenmos), ein Gedicht mit Gesten und Musik gestalten

1. Baustein: Gedicht mit Gesten lernen

Text	*Gesten*
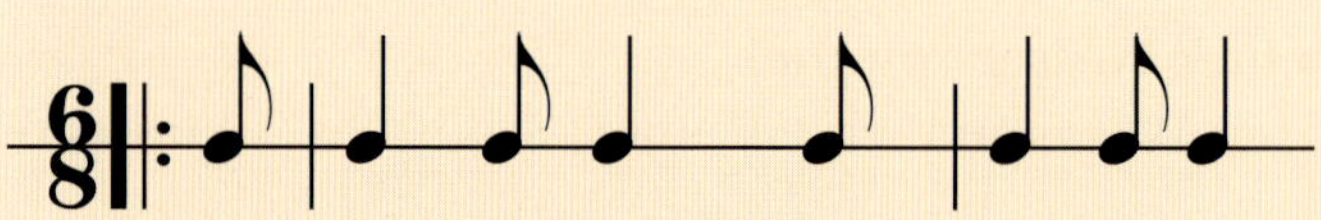 „Der Fisch im Meer schwimmt hin und her,	*Mit flach aufeinandergelegten Händen*
Mit run-den Au - gen schaut er an	*Finger runden, vor die Augen*
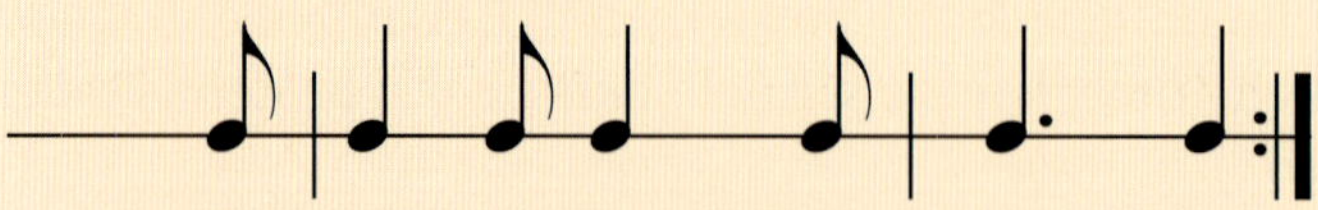 dort kann es ihm ge - fal - len.	*einen schwimmenden Fisch imitieren.*
die Mu-scheln und Ko - ral - len.“	*halten und in verschiedene Richtungen blicken.*

(„Der Fisch im Meer“ aus: Josef Guggenmos, Was denkt die Maus am Donnerstag?
© 1998 Beltz & Gelberg in der Verlagsgruppe Beltz, Weinheim & Basel)

Sitzkreis

- Sprechen Sie das Gedicht mehrfach leise und geheimnisvoll. Stellen Sie es mit Gesten dar und wiegen sie sich dabei im 6/8-Takt. Die Kinder machen mit.
- Lassen Sie nach und nach immer mehr Worte weg, die die Kinder ergänzen.
- Sprechen Sie nur noch den Anfang und das Ende jeder Zeile laut. Die fehlenden Teile werden von allen lautlos gesprochen, d.h. stumm und deutlich artikuliert. Schließlich „sprechen" alle das Gedicht stumm in „Fischsprache".

2. Baustein: Ein klingendes Vorspiel erfinden
Instrumente: falls vorhanden eine Ocean-Drum, alternativ eine Handtrommel, in die Reiskörner oder getrocknete Erbsen gelegt werden, oder nur eine Handtrommel, mehrere Rasseln

Sitzkreis

- Erfinden Sie mit der Gruppe ein instrumentales Vorspiel zu dem Gedicht. Leiten Sie dieses an, indem Sie z. B. erzählen:

„Das Meer rauscht … und rauscht … Wellen kommen … und gehen … Steine rollen … usw."

Einige Kinder spielen dazu „Meeresrauschen" mit Instrumenten.

3. Baustein: Das Gedicht mit Instrumenten begleiten
Instrumente: wie im 2. Baustein, außerdem ein Glockenspiel und/oder Metallofon, weitere zart klingende Instrumente, einige Steine, einige Säckchen, gefüllt mit Muscheln oder Klanghölzern.

Sitzkreis

- Fragen Sie die Kinder, mit welchen Instrumenten sie die einzelnen Zeilen des Gedichtes begleiten möchten. Helfen Sie mit Fragen und Hinweisen, wie z. B.: „Welche Töne könnten passen, wenn ein Fisch im Wasser schwimmt?"

- Bevor alle das Gedicht sprechen und verklanglichen, spielen einige das Vorspiel „Meeresrauschen". Dies kann ebenso als Nachspiel erklingen.

Text	***Vorschlag für Instrumente***
Vorspiel: Meeresrauschen	*Ocean-Drum oder Handtrommel,*
„Der Fisch im Meer schwimmt hin und her, dort kann es ihm gefallen.	*Glockenspiel/ Metallofon, Glissandi im 6/8-Takt.*
Mit runden Augen schaut er an	*Einzelne Töne, Steinklänge,*
die Muscheln und Korallen.“	*Muschelsäckchen/Klanghölzer,*
Nachspiel: Meeresrauschen	*s. o.*

– Die halbe Gruppe spricht das Gedicht ausdrucksvoll und mit Gesten. Die anderen Kinder begleiten den Text mit Instrumenten. Rollenwechsel.

Themenfeld: Wasserpflanzen

1. Baustein: Unterwasserwelten
Material: Abbildungen von Wasserpflanzen oder Bilderbücher wie z. B. „Swimmy“ von Leo Lionni

Sitzkreis

– Betrachten Sie mit den Kindern das Bild/Foto/Bilderbuch und regen Sie ein Gespräch über das Leben im Meer, besonders über Unterwasserpflanzen an. Einige kennen diese sicher aus Aquarien, Teichen oder von Aufenthalten am Meer. „Diese Pflanzen brauchen keine eigene Kraft, um sich zu bewegen. Sie lassen sich von der Strömung des Wassers hin- und herwiegen. Wenn man bei Sonnenlicht in klares Meerwasser oder in einen hellen klaren See schaut, kann man manchmal auf dem Grund beobachten, wie sie sich leicht mit der Strömung wiegen.“

2. Baustein: Schwingende/tanzende Wasserpflanzen
Medien: CD: „Zauberwelt der Klänge", Nr. 1, *Komm mit ans Meer*; es kann auch eine andere ruhige Musik ausgewählt werden

- Regen Sie die innere Bildwelt und Vorstellungskraft der Kinder an, indem Sie mit ihnen in der Fantasie unter Wasser tauchen. Erfinden Sie Szenen, die Vorstellungen von Schwerelosigkeit, sanften Bewegungen usw. wachrufen. Z. B. erzählen Sie: „Stellt euch vor, wir tauchen tief hinab in das Meer. Das Wasser ist klar. Viele große und kleine Fische schwimmen um uns herum. Das Wasser umspült uns warm und angenehm. Alles schillert in prächtigen Farben. Am Meeresboden wachsen große und kleine Pflanzen. Sie lassen sich vom Wasser hin- und herwiegen. Sie schwingen ganz sanft und schwerelos." Usw. *Kreis*
- Legen Sie die Musik auf und probieren Sie mit den Kindern, sich wie Wasserpflanzen zu bewegen: „Wir verwandeln uns in Wasserpflanzen und lassen unsere Arme auch so sanft schwingen." Knien Sie mit der Gruppe am Boden und lassen Sie gemeinsam Ihre Arme in fließenden Bewegungen schwingen. Wenn die Kinder den Charakter der Bewegungen umsetzen können, spielen Sie die Musik ein.
- Erweitern Sie diese Übung, indem alle auf ihrem Rücken liegend Arme und Beine sanft zur Musik bewegen. Erzählen Sie gleichzeitig, was mit den Wasserpflanzen geschieht, und regen Sie somit sowohl zum Schwingen, Kreisen als auch zu schnellen Bewegungsimpulsen der Arme und Beine an, wie z. B.: „Das Wasser bewegt sich sanft und hebt die Pflanzen nur ein bisschen. Leicht und langsam wiegen sie sich hin und her. Jetzt spült eine Welle sie weit hoch und nach hinten. Sie schwanken in alle Richtungen, weit nach oben, auch nach hinten. Ein Strudel lässt sie plötzlich kreisen." Usw.
- Bilden Sie mit den Kindern kleine Gruppen von Wasserpflanzen, die sich aufeinander bezogen zur Musik bewegen. *Frei im Raum*

3 Anhang

3 Anhang

3.1 Literatur

Arndt, Marga/Singer, Waltraud (Hrsg.) (2007): Das ist der Daumen Knuddeldick ... Fingerspiele und Rätsel. Ravensburg: Ravensburger Buchverlag.

Berger, Ulrike/Greiner, Jule/Pfaff, Franziska/Robie, Beate/Schilling-Sandvoß, Katharina/Schwabe, Matthias (1998): Spiel und Klang. Die musikalische Früherziehung mit Murmel. Lehrerband. Kassel: Gustav Bosse Verlag.

Bettelheim, Bruno: Liebe allein genügt nicht. Die Erziehung emotional gestörter Kinder. Aus dem Amerik. von Gudrun Theusner-Stampa. © 1950 The Free Press, New York. Klett-Cotta, Stuttgart 1971, 2007.

Brunner-Danuser, Fida (1984): Mimi Scheiblauer. Musik und Bewegung. Zürich: Atlantis Musikbuch-Verlag.

Ellersiek, Wilma (2002): Handgestenspiele, Reigen und Lieder für Kindergarten und erstes Schulalter. Herbst-Winter. Stuttgart: Freies Geistesleben.

Feudel, Elfriede (1996): Rhythmisch-musikalische Erziehung. Wolfenbüttel: Möseler Verlag.

Feudel, Elfriede (1965): Durchbruch zum Rhythmischen in der Erziehung. Stuttgart: Klett.

Feudel, Hans Gerd (1981): Ein Leben für die Rhythmik. Gedenkschrift zum 100. Geburtstag von Elfriede Feudel (1881-1966). Konstanz.

Guggenmos, Josef (1998): Was denkt die Maus am Donnerstag?: 121 Gedicht für Kinder. Weinheim/Basel: Beltz & Gelberg.

Herdtweck, Waltraut (2008): Die Rhythmik-Werkstatt: Von der Körpererfahrung zum ganzheitlich-kreativen Gestalten. München: Don Bosco Verlag.

Jaques-Dalcroze, Emile (1977): Rhythmus, Musik und Erziehung. Göttingen/Wolfenbüttel: Georg Kallmeyer Verlag.

Kemming, Katharina (Hrsg.) (1999): Unser Musikspielbuch, MUK 1 für die Grundschule. Leipzig: Klett.

Knister (2006): ... das verspreche ich dir, Kiel: Minedition.

Lemmermann, Heinz (Hrsg.) (2007): Die Sonnenblume. 99 neue Lieder für Kinder (Grundschule), Lehrerband. Boppard: Fidula.

Lionni, Leo (2008): Swimmy. Weinheim: Beltz.

Müller, Christina/Petzold, Ralph (2006): Wirkungen der bewegten Schule auf die kognitive und emotionale Entwicklung der Schüler. In: Leipziger Sportwissenschaftliche Beiträge, XL VII (1) 2006. Sankt Augustin: Academia Verlag. S. 27–45.

Pausewang, Elfriede (1997): Die Unzertrennlichen. Neue Fingerspiele, 3. Teil. München: Don Bosco Verlag.

Pötschke, Margot (1970): Zeige, was du hörst. Spiellieder aus der Praxis der rhythmischen-musikalischen Erziehung für Kindergarten und Grundschule, Teil II. Frankfurt a. M.: Wilhelmiana Musikverlag.

Quante, Sonja (2008): Was Kindern gut tut! Handbuch der erlebnisorientierten Entspannung. Dortmund: verlag modernes lernen.

Schaffner, Karin (2005): Bei den Seeräubern und andere spannende Turnstunden: 30 Stundenbilder zum Entwickeln vielfältiger Sinnes- und Bewegungserfahrungen. Celle: Pohl-Verlag.

Schaffner, Karin (1997): Die schönsten Turnstunden für Kinder im Vor- und Grundschulalter. 59 Stundenbilder zum Schulen und Entwickeln vielfältiger Sinnes-, Körper- und Materialerfahrung. Celle: Pohl-Verlag.

van't Hoff, Dorothé/Gosens, Margot (2006): Bildgeschichten aus der Köhlerstraße. 11 Erzählungen mit zahlreichen Aktivitäten zur ganzheitlichen Bildung im Kindergarten. Troisdorf: Bildungsverlag EINS.

Walters, Catherine (1997): Ich weck dich, wenn der Frühling kommt. Gießen: Brunnen Verlag.

3.2 Diskografie

Ensemble Rossi (1998): Djingalla. Tanz- und Bewegungsmusik von Henner Diederich und Ansgar Buchholz. Seefeld: uccello.

Ensemble Rossi (2001): Djingalla 2, Tanz- und Bewegungsmusik. Seefeld: uccello.

Kemming, Katharina (Hrsg.) (1999): Unser Musikspielbuch, MUK 1 für die Grundschule. Leipzig: Klett.

Kreusch-Jacob, Dorothée (2002): Zauberwelt der Klänge: Naturton-Musik zum Entspannen und Genießen. München: Kösel.

Norge, Bert/Schmitz, Robby/Gass-Tutt, Anneliese/Tutt, Ilse/Hepp, Hannes (1996): Tanzspiele. Kindertänze, Tanzspiele, Bewegungsmusiken. Boppard: Fidula.

Nykrin, Rudolf/Widmer, Manuela (2007): Musik und Tanz für Kinder. Unterrichtswerk zur Früherziehung, Hörbeispiele für das 1. Unterrichtsjahr. Mainz: Schott Music.

Posada-Charrúa, José (1995): Carnavaleto. Musik für kreatives und experimentelles Tanzen, Boppard: Fidula.

Seippel, Elisabeth (2000): Tanzen im Kindergarten: Kindertänze werden in Themen der Kindergartenarbeit eingebunden. Boppard: Fidula.

3.3 Biografien

Emile Jaques-Dalcroze (06.07.1865–01.07.1950) studiert Komposition bei Fauré, Delibes und Bruckner. Er entwickelt zu Beginn des 20. Jahrhunderts seine von der engen Beziehung von Musik und Bewegung ausgehende Methode als Grundlage für eine musikalische Grundausbildung. Von 1911 bis 1914 leitet er in Hellerau bei Dresden die Bildungsanstalt Jaques-Dalcroze. Ab 1915 arbeitet er als Musikerzieher an dem von ihm gegründeten Musikinstitut in Genf. 1921 fasst er seine Gedanken zu seiner Methode in „Rhythmus, Musik und Erziehung" zusammen.

Elfriede Feudel, geb. Thurau (30.10.1881–30.03.1966) wird nach Hochschulstudien Schülerin von Dalcroze in Hellerau. Sie arbeitet in Dortmund, Essen, Leipzig und Stuttgart als Lehrerin und Seminarleiterin in Rhythmischer Erziehung. In ihren Veröffentlichungen entwickelt sie die Rhythmische Erziehung zu einem grundlegenden pädagogischen Prinzip: „Rhythmisch-musikalische Erziehung" (1939), „Durchstoß zum Rhythmischen in der Erziehung" (1949).

Maria Elisabeth (Mimi) Scheiblauer (07.05.1891–13.11.1968) erhält eine Ausbildung als Pianistin und macht 1911 ihr Rhythmikdiplom in Hellerau. Seit den 1930er-Jahren arbeitet sie mit behinderten Menschen. Sie erweitert damit als Erste die Idee der Rhythmischen Erziehung zu einem heilpädagogischen Prinzip. Am Ende ihrer Berufslaufbahn leitet sie das Züricher Rhythmusseminar.

3.4 Bildvorlagen „Tiere im Frühling“

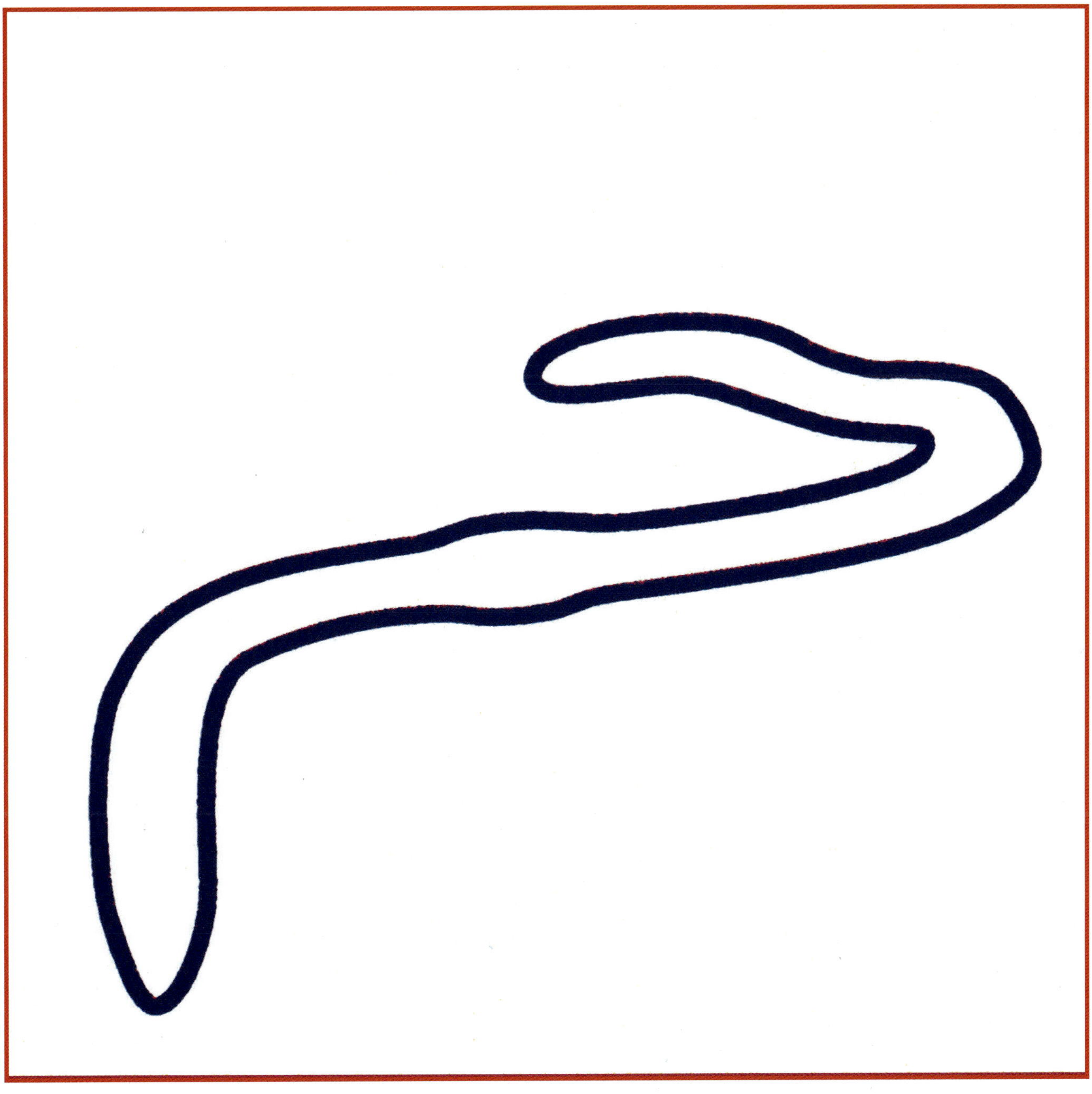